Marko Pogačnik

Grimms Märchen entschlüsselt

Kostbare Botschaften
aus alter für die neue Zeit

Es gibt heute unbedingt viele gute Gründe, das weibliche Geschlecht wieder besser sichtbar zu machen. Dies ist seit mehr als 40 Jahren auch Anliegen unseres Verlages. Ob dies durch Gendern erreicht wird, darf man jedoch hinterfragen, immerhin geht es um unsere *Mutter*sprache. Sicher ist, dass der grammatische Genus nichts über das Geschlecht (Sexus) aussagt. Deswegen halten wir uns als Verlag beim Gendern bewusst zurück. Ausführliche Begründung dazu unter www.neue-erde.de/derdiedas

Marko Pogačnik
UNESCO Künstler für den Frieden

Grimms Märchen entschlüsselt

Kostbare Botschaften aus alter für die neue Zeit

Übersetzung aus dem Englischen:
Farah Lenser

Bücher haben feste Preise.

1. Auflage 2024

Marko Pogačnik
Grimms Märchen entschlüsselt

Umschlag:
Zeichnung: Marko Pogačnik
Gestaltung: Dragon Design, GB

Lektorat: Andreas Lentz

Satz und Gestaltung:
Dragon Design, GB
Gesetzt aus der Minion

Gesamtherstellung: Libri Plureos GmbH, Hamburg
Printed in Germany

ISBN 978-3-89060-875-4

Neue Erde GmbH
Cecilienstr. 29 · 66111 Saarbrücken
Deutschland · Planet Erde
www.neue-erde.de · info@neue-erde.de

Inhalt

Einleitung

Märchen können in ihrer bildhaften Sprache vermitteln, was uns Menschen bewegt und welche Kräfte am Werk sind, wenn wir nach Zugängen zu den verschollenen Ausdehnungen des irdischen Kosmos suchen. Märchen wurden über Jahrhunderte von Mund zu Mund überliefert und von den kulturellen Vorstellungen verschiedener Völker geprägt. Oft enthalten sie einen unterirdischen Strom von Wissen, das in den Zeiten ihrer Entstehung von den damals vorherrschenden Kulturregeln oder religiösen Dogmen als ketzerisch angesehen und unterdrückt wurde. Das gilt auch für die Märchen der Brüder Grimm, die an der Schwelle zur Neuzeit die Erzählungen sammelten und aufschrieben, die der Volksmund jahrhundertelang überliefert hatte.

Bevor Sie in meine Art der Märchenerzählung eintauchen, möchte ich klarstellen, dass die Märchen der Brüder Grimm, die wir heute als illustrierte Kinderbücher kennen, ursprünglich für Erwachsene bestimmt waren. Jahrhundertelang wurden diese alten Geschichten weitererzählt und von Märchenerzählern verbreitet. Wenn die Menschen auf dem Lande ihre Arbeiten auf dem Feld und in der Küche beendet hatten, kamen sie zusammen und versuchten die Geheimnisse des Lebens zu ergründen, indem sie ihre Erfahrungen austauschten und in symbolische Bilder tauchten. Die sonntäglichen Kirchenpredigten konnten diesen Wissensdurst nicht stillen, denn bei denen ging es meist nur um die Projektion der Ewigkeit auf die irdische Existenz, wobei die Ausdehnungen der irdischen Spiritualität bewusst ausgeblendet wurden. Die Volksüberlieferungen hingegen befassen sich vor allem mit der Weisheit der Erde und ihrer Lebenswelten.

Die kostbaren Botschaften der indigenen Kulturen deutschsprachiger Herkunft konnten die Verstandesenge des neunzehnten Jahrhunderts überleben, indem sie in den Kindermärchen der Brüder Grimm aufbewahrt wurden. In einer Zeit, in der die rationale Sichtweise auf das Leben die Geheimnisse der Existenz zwischen Erde und Himmel fast völlig verdrängte, bewahrten die uralten Überlieferungen zwei Jahrhunderte lang ihren Zauber und ihre Kraft, indem sie in den Kinderstuben die Herzen der Kinder bewegten. Ich glaube, dass das menschliche Bewusstsein inzwischen soweit gereift und auch bereit ist, die kosmischen Urbilder hinter den Geschichten wahrzunehmen, die uns – versteckt in Kindermärchen – erreichen.

Ich versuche, Grimms Märchen so zu erzählen, dass ich deren Bildersprache in eine logische Sprache übersetze, die moderne Menschen verstehen und in ihre Weltsicht und ihre Beziehung zum Leben integrieren können. Während meiner geomantischen und erdheilerischen Tätigkeit in den letzten 40 Jahren erkannte ich immer wieder gewisse Urmuster, mit denen ich schon Bekanntschaft gemacht hatte, als ich meinen drei kleinen Töchtern Grimms Märchen vorlas. Später als ich einige Erfahrungen mit Naturgeistern und Elementarwesen machen konnte, war ich überrascht festzustellen, dass jede Begegnung dieser Art ein Märchen an sich war.

So begann ich, meine »märchenhaften« Erlebnisse öffentlich zu erzählen, und wob darin immer öfter Elemente meiner »Übersetzungen« von Grimms Märchen ein – bis es schließlich so viele waren, dass ich sie für dieses Buch zusammenstellte.

Wir eröffnen den Reigen mit dem Froschkönig, das Märchen, das mir zuallererst sein Geheimnis preisgab.

Marko Pogačnik, Šempas, am 19. Januar 2024

Der Froschkönig oder der Eiserne Heinrich

Nahe des Königspalasts lag ein großer Wald. In der Mitte des Waldes befand sich ein alter, tiefer Brunnen, zu dem die jüngste Königstochter ging, wenn es im Sommer besonders warm war. Sie setzte sich an den Rand des Brunnens, und wenn sie sich langweilte, nahm sie ihre goldene Kugel und warf sie in die Luft.

Da geschah es, dass die goldene Kugel der Prinzessin nicht in ihre ausgestreckten Hände zurückfiel, sondern in der Dunkelheit des Brunnens verschwand und im Morast am Boden liegenblieb. Die Königstochter folgte ihr mit ihren Augen, doch der Brunnen war so tief, dass der Grund nicht zu sehen war. Da fing sie bitterlich zu weinen an, immer lauter und verzweifelter, nichts konnte sie trösten. Und während sie so klagte, hörte sie eine seltsame Stimme: »Was schmerzt dich so, Königstochter? Du weinst so herzerweichend, dass selbst ein Stein Mitleid hätte.«

Die Eröffnungsszene der Geschichte beschreibt sehr genau den qualvollen Zustand, in dem sich die Seelenessenz eines menschlichen Wesens befindet, das gerade dabei ist, sich in der Materie zu verkörpern. Die Königstochter mit ihrer hellen Haut und in Seidengewänder gekleidet verkörpert das menschliche Wesen, das in den Weiten der Ewigkeit existiert, bevor es sich entscheidet, in die Verkörperung und die Dichte der Materie hinabzusteigen. Die goldene Kugel, die die Prinzessin nach oben in den Himmel wirft, ist ein Symbol der Perfektion, das auf die Unbeschwertheit der Seele im uranfänglichen Raum der Ewigkeit hinweist, bevor sie sich aufmacht, um den Weg der Verkörperung zu beschreiten. Der Raum der Himmelssphären ist die vollkommenste Form, und Gold ist das wertvollste Mineral.

Der Fall aus der Sphäre des Himmels in den tiefen, engen und dunklen Brunnen beschreibt symbolisch das Ankommen der Seele im irdischen Raum, stark begrenzt durch die Dichte der Materie, wie es die Seele nach ihrer Geburt erfährt. Das Weinen und Klagen der Prinzessin zeigt die seelische Qual, die ein menschliches Wesen empfindet, nicht nur unmittelbar nach der Geburt, sondern auch oft und wiederholt in der Zeit seiner Verkörperung auf Erden. Es sehnt sich nach dem Licht, der Freiheit und der Unendlichkeit der ätherischen Räume, die es in der Zeit zwischen zwei Verkörperungen bewohnt.

Als sich die Prinzessin umschaut, um zu sehen, woher diese seltsame Stimme kommt, bemerkt sie einen Frosch und sagt: »Ach, du bist es, alter Wasserspritzer, ich weine um meine goldene Kugel, die in den Brunnen gefallen ist.« Der Frosch tröstet sie und versichert ihr, dass sie ihre Kugel, die im Morast feststeckt, zurückbekommt, fügt jedoch hinzu: »Was bekomme ich von dir, wenn ich die goldene Kugel aus dem Brunnen heraushole?«

Ich setze die Begegnung der schönen Prinzessin mit dem »hässlichen« Frosch mit der Begegnung der Seelenessenz des menschlichen Wesens, mit dem Wesen der elementaren Welt der Erde gleich. Diese Art der Begegnung nach der Geburt ist unausweichlich, weil wir die Elementarwesen mit den natürlichen Kräften und dem Bewusstsein gleichsetzen, die das Leben und die Entwicklung von Leben unter den Bedingungen der Materie erst ermöglichen. Wenn wir als Menschheit die Evolution durch unsere in verschiedenen Inkarnationen gesammelten Erfahrungen vorantreiben wollen, dann geht das nicht ohne die Hilfe der elementaren Welt. Es ist kein Zufall, dass der hockende Frosch als Symbol für das elementare Wesen gewählt wurde. Sein Körper haftet an der Erde und hat vollkommen andere Proportionen als der menschliche Körper. Der Frosch ist die ideale Verkörperung eines Erdwesens.

Dennoch setzt das Märchen den Frosch nicht nur mit der Natur gleich, sondern gibt ihm auch die Fähigkeit zu sprechen und Mitgefühl zu empfinden. Daraus können wir schließen, dass Elementarwesen nicht zu einer der verschiedenen Ausprägungen der Evolution gehören, die in der Materie verkörpert sind. Elementarwesen stehen für Bewusstsein und für die schöpferischen Handlungen, die im kausalen Hintergrund der verkörperten Welt stattfinden. Da der Frosch jedoch etwas für seine Hilfe einfordert, können wir uns Elementarwesen vor allem als Wesen

Während des Prozesses der Verkörperung fällt die goldene Kugel der Seelenperfektion in den tiefen Brunnen.

des Bewusstseins vorstellen, die mit den regulierenden und transformierenden Zyklen der Lebensströme verwoben und als solche gegenüber der Mutter Erde, ihrem Ursprung, verantwortlich sind.

Die Prinzessin wünscht sich so sehnlich, die Vollkommenheit ihrer ungeborenen Seele zurückzuerlangen, dass sie bereit ist, dem Frosch dafür all ihren Reichtum zu übergeben: »Ich gebe dir all meine Kleider, meine Perlen und Juwelen, und sogar die goldene Krone, die ich trage.« Aber der Frosch erwidert: »Ich mache mir nichts aus deinen Kleidern, deinen Perlen und Juwelen oder deiner goldenen Krone, aber wenn du mich liebst und ich dein Gefährte und Spielkamerad sein darf, wenn ich bei Tisch an deiner Seite sitzen und von deinem Tellerchen essen und aus deinem Tässchen trinken und ich neben dir in deinem Bettchen schlafen darf – wenn du mir all das versprichst –, dann werde ich hinunter in den Brunnen steigen und dir deine goldene Kugel zurückbringen.« Natürlich versprach die Prinzessin alles, was der Frosch wollte, nur um die goldene Kugel zurückzubekommen, doch im Stillen dachte sie sich: »Was der dumme Frosch so redet. Alles, was er kann, ist mit anderen Fröschen im Wasser sitzen und quaken. Er kann nicht der Gefährte eines menschlichen Wesens sein.«

Diese Passage ist bemerkenswert klar und deutlich, indem sie uns verständlich macht, wie die Zusammenarbeit zwischen den Menschen und der elementaren Welt der Erde und der Natur vonstatten geht. Sie zeigt auf, dass das elementare Bewusstsein der Natur und ihre Lebenskräfte nicht nur Phänomene unserer Umwelt sind – wie es uns das rationale Bewusstsein, ausgestattet mit unzähligen wissenschaftlichen Forschungsergebnissen, glauben machen will –, sondern sie sind ein Teil von uns, und wir als verkörperte Wesen sind Teil von ihnen. Deshalb lehnt der Frosch die angebotenen Geschenke ab und verlagert die Beziehung zwischen den Menschen und den Elementarwesen ins Innere des menschlichen Wesens. Ohne Umschweife vermittelt er uns die Erkenntnis, dass das menschliche Wesen nur mit der Hilfe der Elementarwesen in der verkörperten Welt leben und die Fähigkeit erlangen kann, schöpferisch tätig zu sein.

An diesem Punkt erleben wir den Sprung auf eine andere Ebene. Der Frosch ist nicht mehr nur ein Symbol des elementaren Bewusstseins der Natur, sondern zeigt sich als ein persönliches Elementarwesen. Ebenso wie die verschiedenen Arten von Elementarwesen, die für die Bäume sorgen, für das pflanzliche Leben überhaupt, für die Steine, für die Wasserzirkulation und vieles mehr, so stellt das persönliche Elementarwesen alle Bedingungen bereit, die das individuelle Menschenwesen braucht, um die Zeitspanne seiner Verkörperung, von der Geburt bis zum Tod, in Gesundheit, schöpferischer Kraft und zufrieden und glücklich zu verbringen.

Der Frosch bestimmt genau die Bereiche, in denen das persönliche Elementarwesen die drei grundlegenden Werte des Lebens ermöglicht, damit das menschliche Wesen diese genießen kann:

- »Vom selben Teller essen und aus demselben Glas trinken« bezieht sich auf die wertvolle Rolle des persönlichen Elementarwesens bei der Steuerung und dem Ausgleich der organischen Prozesse im menschlichen Körper.
- Wenn ich den Ausdruck »zusammenspielen« aus den Kontext eines Märchens für kleine Kinder herausnehme, verstehe ich ihn als Teilnahme am kreativen Prozess. Es ist das elementare Bewusstsein, das es dem menschlichen Wesen ermöglicht, seine Ideen und Aktionen in materielle Formen zu übersetzen.
- »Im selben Bett schlafen« ist gleich »im selben Körper wohnen«. Gemeint ist damit die fortlaufende Koexistenz der menschlichen Seele und des elementaren Wesens im selben Körper, die schon beim Prozess der menschlichen Empfängnis beginnt und bis zur Vollendung des Lebens nach dem Tod andauert. Da Elementarwesen in einer feinstofflichen Form existieren, ist es möglich, dass sie sich als eine Art Körperintelligenz permanent durch den Körper bewegen und für seine möglichst vollkommene Entwicklung sorgen.

Am nächsten Tag, als die Prinzessin zusammen mit dem König und den Höflingen zu Tisch sitzt und von ihrem goldenen Teller isst, klopft es an der Tür und eine Stimme ruft: »Prinzessin, jüngste Prinzessin, öffne mir die Tür!« Die Prinzessin rennt los, um zu sehen, wer da geklopft hat, aber als sie die Tür öffnet und den Frosch vor der Tür sitzen sieht, wirft sie die Tür wieder zu und kehrt an den Tisch zurück. Der König bemerkt ihre Aufregung, und als er erfährt, was sie dem Frosch versprochen hat, verlangt er von ihr, das Versprechen zu halten. Sie muss den Frosch hineinlassen und ihn auf den Esstisch heben, da sagt der Frosch: »Schiebe dein Tellerchen näher zu mir, damit wir zusammen essen können.«

Hier stoßen wir auf ein traumatisches Muster, das für den modernen Menschen charakteristisch ist und Ausdruck seiner Entfremdung von der Natur, der Erde und von sich selbst. Das rationale Bewusstsein, das sich in den letzten zwei oder drei Jahrtausenden entwickelt hat, verschließt sich gegenüber der Vorstellung, dass Menschen mit den Naturwesen kooperieren können. Es versteht Natur als Umwelt, die die Zivilisation umgibt, und betrachtet die Lebensprozesse im menschlichen Wesen selbst als eine Art von organischem Automatismus. Es mag die Vorstellung nicht, dass Leben das Resultat einer Kooperation, einer gegenseitigen Verständigung ist und der Gemeinschaft zweier verschiedener Arten von Bewusstsein und Wesen entspringt, die sich gegenseitig ergänzen und auf der Basis von beiderseitigem Respekt und Liebe zusammenarbeiten, auch wenn sie sich essenziell unterscheiden.

Natürlich besteht die Koexistenz der menschlichen und elementaren Wesen nicht auf der materiellen Ebene. Um sie bewusstseinsmäßig und emotional zu begreifen, müssen wir uns bewusst machen, dass diese Kooperation auf einer sehr subtilen Ebene stattfindet, wo sich menschliche Seele und Elementarwelt begegnen. Das Märchen übersetzt die Zusammenarbeit der beiden Welten auf die Ebene der Verkörperung, damit die Zuhörenden begreifen können, wie fatal und gefährlich es für den modernen Menschen sein kann – das gilt auch für seine Gesundheit –, wenn er sich weigert, die Beziehung zum elementaren Bewusstsein zu empfinden, besonders wenn sie im eigenen Innern erscheint.

Abscheu und Ekel gegenüber einem Wesen der anderen Art – auch wenn es uns überhaupt erst ermöglicht, in der verkörperten Welt zu leben –, erreichen ihren Höhepunkt, als der Frosch bei der Prinzessin im Bett schlafen will. Die Prinzessin ist so wütend, dass sie den Frosch gegen die

Der Frosch sagt: »Hebe mich auf den Tisch,
damit wir zusammen essen können.«

Wand wirft und ausruft: »Bist du jetzt endlich ruhig, abscheulicher Frosch?« In diesem Moment geschieht eine wundersame Verwandlung. Der Frosch verwandelt sich in einen Prinzen mit freundlichen und wunderschönen Augen. Auf der Stelle verliebt sich die Prinzessin in ihn und will ihn heiraten.

Die Quantenphysik hat für diese wundersame Verwandlung einen zeitgemäßen Begriff: Sie spricht von einem Quantensprung. Was auf einer Ebene als Tod erscheint, ermöglicht einen Sprung und eine Wiedergeburt auf der nächsthöheren Ebene der Existenz. Mit dem Verschwinden des Frosches kann seine höhere Seinsform enthüllt werden; nun ist er der Prinzessin ebenbürtig. Die elementare Essenz seines Naturwesens kann mit der königlichen Würde gleichgesetzt werden, vergleichbar mit der Seelenessenz des menschlichen Wesens. Ein solches Erkennen der spirituellen Gleichwertigkeit zweier Wesen, die zu zwei unterschiedlichen Evolutionszweigen gehören, führt zu einer Koexistenz in Frieden und Liebe. Das Märchen kennzeichnet diese glückliche beiderseitige Anerkenntnis mit einer Hochzeitsfeier.

Nachdem das menschliche und das elementare Wesen erkannt haben, dass sie sich gegenseitig ergänzen und lieben, lädt der Prinz die Prinzessin ein, sich mit ihm in seinem Königreich zu vermählen. Ein Kutscher namens Heinrich lässt das Brautpaar in der bequemen Kutsche Platz nehmen, während er auf einem Tritt hinter dem Wagen steht, die Zügel hält und den Wagen lenkt, der von acht weißen Pferden gezogen wird.

Schon auf dem Weg hört der Prinz ein lautes krachendes Geräusch hinter sich, als ob etwas zerbrochen sei. Er dreht sich um und ruft: »Heinrich, der Wagen bricht!« »Nein, Herr«, antwortet Heinrich, »es ist nicht der Wagen. Es ist ein Reifen um mein Herz, der zerbrochen ist!«

Sie sind wieder auf ihrem Weg, als der Prinz erneut einen lauten Knall hinter sich hört, als ob etwas zerbrochen sei. Er dreht sich zu Heinrich um und ruft. »Heinrich, der Wagen bricht!« »Nein, Herr, es ist nicht der Wagen. Gerade ist der zweite Reifen um mein Herz zerbrochen!«

Sie fahren weiter, als der Prinz erneut einen lauten Knall hinter sich hört, als ob etwas zerbrochen sei. Er dreht sich zu Heinrich um und

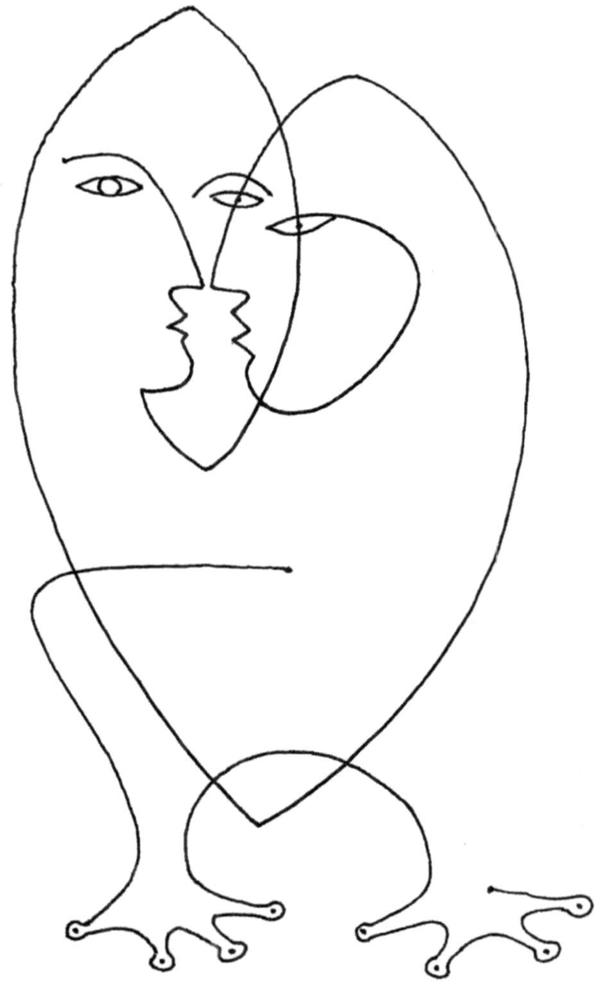

Glück entsteht, wenn das elementare Wesen und das menschliche Wesen als ebenbürtig erkannt werden.

ruft. »Heinrich, der Wagen bricht!« »Nein, Herr, es ist nicht der Wagen. Gerade ist der dritte Reifen um mein Herz zerbrochen!«

Jahrelang habe ich die Geschichte vom Froschkönig erzählt und dabei die Geschichte mit dem Eisernen Heinrich ausgelassen, weil ich diesen Teil des Märchens für unwesentlich hielt. Das änderte sich in dem Augenblick, als ich im August 2014 auf der Insel Gotland mitten in der Ostsee eine geomantische Werkstatt durchführte. Als wir die Ruinen des einst mächtigen Klosters *Buttle Änge* erforschten, entdeckte ich eine Schar kleiner elementarer Wesen. Ich spürte, dass sie mir als Vertreter der Menschheit etwas erzählen wollten, aber ich konnte sie nicht verstehen. Sie versuchten es wieder und wieder, und plötzlich erinnerte ich mich an die Geschichte des Eisernen Heinrichs mit den eisernen Ringen um sein Herz. Endlich verstand ich, dass sie meine Aufmerksamkeit auf die drei Hauptblockaden lenken wollten, die den wirklichen Kontakt zwischen der Menschheit und den Elementarwesen, den Wesen der Erde und der Natur verhindern. Im folgenden beschreibe und übersetze ich, wie die »Frösche« von Gotland die Bedeutung der drei eisernen Ringe um das menschliche Herz in mein Bewusstsein einschrieben:

- Die Menschen verleugnen sich selbst, indem sie es ablehnen, sich selbst als einen Teil der Natur und der elementaren Welt der Erde anzunehmen. Wir haben uns in unserer menschlichen Welt eingeschlossen.
- Die Menschen versklaven andere Wesenheiten der Erde, indem sie den Pflanzen, den Tieren und der mineralischen Welt das Recht auf ein eigenes Bewusstsein und einen eigenen Lebenszweck absprechen.
- Die Menschen schließen die Wesen der Parallelwelten, sichtbare und unsichtbare, in die Enge ihrer eigenen mentalen Muster ein und hindern uns alle daran, als freie Wesen zu existieren, als die, die wir wirklich sind. Mehr noch, nur die materialisierten Wesen der Natur dürfen sich im Tageslicht zeigen. Alle anderen, subtileren Ausdehnungen der Natur müssen hinter dem Schleier der manifestierten Welt versteckt bleiben.

Dornröschen

Seit Jahrhunderten treibt die Menschheit die Frage um, wie es möglich sein konnte, dass wir uns in einem Zeitalter zunehmender Entfremdung wiederfinden, nicht nur voneinander, sondern auch von den Wesen der Erde und den Elementarwesen der Natur. Dornröschen gibt uns eine Antwort, versteckt in der Form eines Märchens.

Es waren einmal ein König und eine Königin, die sich beide sehnlichst ein Kind wünschten. Und so geschah es, dass die Königin eines Tages in einem nahegelegenen Teich schwimmen ging. Als sie aus dem Wasser stieg, erschien ein Frosch auf einem Lorbeerblatt und sagte: »Dein Wunsch soll in Erfüllung gehen, noch bevor ein Jahr vergeht, wirst du eine Tochter gebären.«

Ich möchte darauf hinweisen, dass es in alten Erzählungen oft um königliche Familien geht, das ist jedoch nicht nur auf einen mittelalterlichen Einfluss zurückzuführen, sondern diese märchenhafte Sprache deutet darauf hin, dass die Königin oder der König für eine vollkommenere oder »höhere« Ebene des menschlichen Seins steht, die Ebene der ewigen Seele. Zusammen mit Prinzen und Prinzessinnen verweisen sie auf die sogenannte kausale Dimension der Welt, die jenseits von Zeit und Raum existiert. Dort pulsieren die Muster, die Blaupausen von allem, was existiert. Sie sind der Ursprung all dessen, was wir in der verkörperten Natur und Kultur kennen. Im Gegensatz dazu stehen die Bauern, die Müller und die Handwerker in diesen Märchen für die verkörperte Ebene des alltäglichen Lebens.

Wir haben bereits den Frosch als Symbol für die unsichtbare und kausale Elementarwelt der Natur aus dem Märchen »Der Froschkönig« kennengelernt. Und hier erzählt uns die Geschichte von »Dornröschen« sehr direkt und gleich zu Beginn, dass eine Empfängnis nur durch die Mitwirkung eines Elementarwesens möglich ist. Unabhängig davon, wie sehr sich der König und die Königin ein Kind wünschen, Dornröschens Seele kann sich nicht ohne die Berührung eines Frosches oder der Mitwirkung der elementaren Welt auf der Erde inkarnieren, weil letztere für den Prozess der Inkarnation verantwortlich ist.

Und wirklich, es geschah, wie der Frosch vorhergesagt hatte, die Königin gebar ein kleines Mädchen. Dieses Kind war so schön, dass der König seine Freude kaum fassen konnte, und er ordnete eine große Feier an. Er lud jedoch nicht nur Verwandte und Bekannte ein, sondern auch weise Frauen, Parzen genannt, die den Schicksalsfaden der Neugeborenen spinnen, denn er wollte sie gegenüber dem Kind geneigt machen. In seinem Königreich lebten dreizehn von ihnen, doch hatte er nur zwölf goldene Teller, von denen sie essen sollten, und so musste eine der Parzen zu Hause bleiben.

Als das Fest seinem Ende entgegen ging, traten die weisen Frauen an die Wiege, um dem Mädchen ihre magischen Geschenke zu überreichen. Eine verlieh ihr Tugend, eine andere Schönheit, eine dritte Reichtum, und so ging es weiter mit allem, was man sich auf Erden nur wünschen kann.

Doch glaubt nicht, dass der König keinen dreizehnten goldenen Teller hatte! Die Zurückweisung der dreizehnten Parze stellt einen wichtigen Schlüssel dar, um das Geheimnis dieser Ära der Menschengeschichte zu entschlüsseln, die uns noch heute bedrängt. Ich beziehe mich hier auf die Zeitepoche, die durch das rigide männliche Prinzip der Dominanz und durch männliche Kräfte geprägt wird. Zwölf ist die Zahl des Sonnenjahres mit seinen zwölf Monaten, und die Zahl dreizehn steht symbolisch für ein Jahr, das den Mondphasen des zu-und abnehmenden Mondes folgt. Diesem Zyklus lag das Prinzip der Göttin zugrunde und war älteren Kulturen wohl vertraut.

Denn eigentlich gibt es dreizehn Monate, doch patriarchal geprägte Kulturen wollten den dreizehnten Monat auf die anderen zwölf aufteilen, um ihn abzuschaffen und vor unseren Augen zu verstecken, so wie der König die Existenz der dreizehnten Parze leugnete.

Warum ist die Ausladung der dreizehnten Parze und damit die Unterdrückung des weiblichen Prinzips so entscheidend, dass sie das Leben der Prinzessin von seinem Kurs abbringt? Das maskuline Prinzip ist auf Profit und auf ständiges wirtschaftliches Wachstum ausgerichtet, es wünscht

Die Berührung mit einem Elementarwesen ermöglicht es der Königin, ein Mädchen zu gebären.

sich ewigen Frieden und verehrt das Gute. Das sind für sich genommen positive Tugenden, doch sie bewirken das Gegenteil, weil sie in Abwesenheit des zyklischen Prinzips nur mit Gewalt erzwungen werden können. In patriarchal geprägten Kulturen verwandelt sich die Suche nach ewigem Frieden in andauernde Kriege. Schaut euch nur die Welt um euch herum an!

Das weibliche Prinzip muss diese Werte nicht erzwingen. Es vertraut auf den ewigen Fluss der Transformation und der Erneuerung des Lebens. So wie die Mondphasen sich in einem Kreis zwischen Dunkelheit und Licht bewegen, so verläuft das Leben zwischen Geburt, Tod und Wiedergeburt. Wenn die dreizehnte Parze, die das Rad der Transformation repräsentiert, nicht anwesend ist, dann wird das Leben – männlich dominiert und dem patriarchalen Willen zur Macht unterworfen – schwächer und stirbt langsam ab, wie wir es heutzutage im Kontext des sogenannten Klimawandels erleben.

Gerade als die elfte weise Frau ihre Voraussagen zur Zukunft des Kindes gemacht hatte, erschien plötzlich und unerwartet die dreizehnte Parze und verkündete: »Wenn die Prinzessin ihr fünfzehntes Lebensjahr erreicht hat, wird sie sich an einer Spindel stechen und tot umfallen.« Und ohne ein weiteres Wort drehte sie sich um und verschwand.

Dann trat die zwölfte weise Frau, die noch keinen Wunsch geäußert hatte, nach vorn. Da sie diesen Fluch nicht zurücknehmen, sondern nur mildern konnte, sprach sie: »Es wird jedoch kein endgültiger Tod sein. Die Prinzessin wird nur in einen hundertjährigen Schlaf fallen.«

Um seine Tochter vor diesem Schicksal zu bewahren, ordnete der König an, alle Spinnräder einschließlich der Spindeln im gesamten Königreich zu verbrennen. Und das Mädchen wurde genauso schön, tugendhaft, freundlich und intelligent, wie es die weisen Frauen prophezeit hatten.

Hier erinnert uns das Märchen daran, dass die Unterdrückung des weiblichen Prinzips und die absolute Vorherrschaft der männlichen Art und Weise, mit dem Leben umzugehen, sich unweigerlich rächen und nach hinten losgehen wird. Gute Absichten, die dem Fortschritt und dem

Nachdem elf der weisen Frauen ihre Geschenke an die Prinzessin übergeben haben, erscheint plötzlich die dreizehnte Parze.

Wohlergehen von Menschen und der Menschheit insgesamt gewidmet sind, können sich leicht in ihr Gegenteil verkehren. Glücklicherweise erscheint hier die zwölfte Parze als Symbol der göttlichen Gnade. Sie bringt uns die Botschaft, dass menschliche Fehler oder Irrtümer, die uns von einem Missgeschick zum nächsten führen, am Ende nicht verhängnisvoll sein müssen. Unter allen Freuden, die uns das Leben schenkt, ist die größte Freude lernen zu dürfen, um herauszufinden, was echt oder falsch oder sogar das Gegenteil von Wahrheit ist. Selbst unangenehme Erfahrungen, sofern wir sie verarbeitet und verinnerlicht haben, sind bedeutsam für unsere Entwicklung. Wir sollten für diese nur so weit bestraft werden, dass wir unsere Irrtümer im Denken und unsere Fehler im Handeln erkennen können.

So geschah es, dass an dem Tag, an dem die Prinzessin fünfzehn Jahre alt wurde, der König und die Königin nicht zuhause waren, und das Mädchen allein im Schloss zurückblieb. So wanderte sie nach Herzenslust umher und schaute sich alle Räume und Kammern an. Schließlich kam sie zu einem alten Turm. Sie stieg die enge, gewundene Treppe hinauf und gelangte an eine schmale Tür. Dort steckte ein rostiger Schlüssel im Schloss, und als sie diesen umdrehte, schwang die Tür auf. Dahinter befand sich ein kleiner Raum, in dem eine alte, runzelige Frau an einem Spinnrad saß und mit der Spindel fleißig Wolle spann.

»Guten Tag, Großmutter«, begrüßte sie die Prinzessin. »Was machst du hier?« »Ich spinne«, erwiderte die alte Frau, indem sie freundlich mit dem Kopf nickte. »Was ist das für ein Ding, das so lustig hin und her springt?« fragte das Mädchen, indem sie die Spindel in die Hand nahm. Sobald sie die Spindel berührte, erfüllte sich der magische Fluch, und die Prinzessin stach sich in den Finger. Im nächsten Moment sank sie auf ein Bett, das in der Nähe stand, und fiel in einen tiefen Schlaf.

Es ist kein Zufall, dass dieses tragische Ereignis sich in einem alten, verlassenen und vergessenen Turm ereignet und in dem Zimmer einer Frau, die so alt wie die Erde ist. Wir haben es hier mit der Erinnerung alter Kulturen zu tun, die das zyklische Prinzip des Lebens respektierten und lebten, wie es sich zum Beispiel in dem Wechsel der Jahreszeiten manifestiert oder auch in den intimen Bereichen des Körpers einer Frau. Das Zimmer in dem alten Turm und Großmutter Erde hinter dem Spinnrad repräsentieren die lebendige Erinnerung an Lebenswerte, die die Menschheit nach und nach abgelegt hat, indem sie immer mehr der Macht des rationalen Denkens vertraute.

Es ist auch kein Zufall, dass die Prinzessin ihren Finger an einem Spinnrad sticht, dem Symbol für die rhythmische, zyklische Schöpfung des Lebensfadens. Beim Spinnen wird ein verwickeltes Wollknäuel, Symbol für das Chaos, in einen schön geordneten Wollfaden verwandelt, der sich dafür eignet, das Gewebe des Lebens zu weben.

Genauso wenig ist es ein Zufall, dass sich die Prinzessin mit einem kleinen Teil des Spinnrades in den Finger sticht, der sich Spindel nennt. Es ist ein Stück Holz, das aussieht, als wäre es nach dem Buchstaben U geformt. In der Mitte wird es von einer Metallnadel durchbohrt, die eine Achse bildet, um die sich die Spule dreht, während der gesponnene Faden sich darum wickelt. Das ist der einzige Teil des Spinnrads, an dem die Prinzessin sich stechen kann. Ich assoziiere die Spindel mit einem speziellen »Rad« im menschlichen Bewusstsein, das die Fähigkeit zum rationalen Denken darstellt. Auch wenn dieses Rad nur einen kleinen Teil unseres Vermögens, umfassend zu denken, beschreibt, wurde es in der Zeitepoche des Prinzips der maskulinen Dominanz, im sogenannten patriarchalen Zeitalter, zu der führenden und ausschließlichen Art, auf die Welt zu schauen. Folgen wir diesem Gedanken, dann zeigt uns das Märchen die Konsequenzen auf, die sich aus der Unterwerfung unter die Kräfte des rationalen Verstandes ergeben.

Der Schlaf der Prinzessin verbreitete sich sofort im ganzen Schloss. Der König und die Königin, die gerade nach Hause gekommen waren, schliefen genauso ein wie ihre Diener. Die Pferde in den Ställen schliefen ein, die Hunde im Schlosshof, die Tauben auf dem Dach, die Fliegen an den Wänden und selbst das Feuer, das im Herd flackerte, bewegte sich nicht mehr und schlief ein. Der Koch, der gerade den Küchenjungen an den Haaren zog, weil er etwas falsch gemacht hatte, erstarrte in der Mitte seiner Bewegung und schlief ein. Der Wind hörte auf zu wehen, und draußen um das Schloss herum regte sich in den Bäumen kein Blatt.

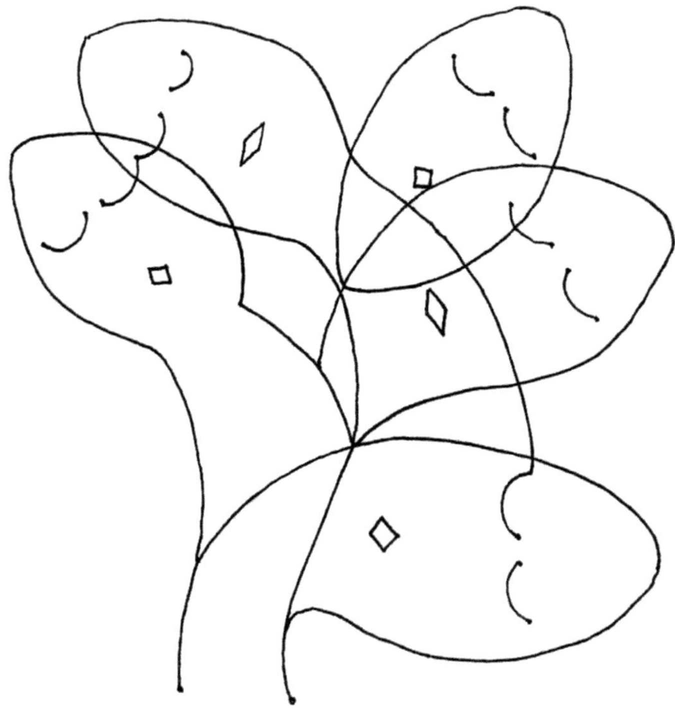

Der Schlaf der Prinzessin verbreitet sich sofort im ganzen Schloss.

Die Textpassage bestätigt klar und deutlich, dass die Art und Weise, wie Menschen das Leben betrachten und wie sie sich selbst sehen, einen entscheidenden Einfluss auf den Zustand der Welt hat. Wie Dornröschen, so ist auch das menschliche Wesen in der Beschränktheit seines Intellekts eingeschlafen. Doch dieser Schlaf betrifft nicht nur es selbst: Die Begrenztheit seines Intellekts, der sich der subtilen Regionen der Existenz, die für das menschliche Auge unsichtbar bleiben, nicht bewusst ist, hat die Natur und seine gesamte Umgebung ebenfalls damit infiziert. Ist das überhaupt möglich? Erzählt das Märchen nicht davon, dass die Hunde im Schlosshof und die Fliegen an der Wand zusammen mit der Prinzessin, die hier die Menschheit repräsentiert, einschlafen?

Menschen sind erstaunlich kreative Wesen. Wenn wir uns selbst davon überzeugen – wie es in den letzten Jahrhunderten unserer Evolution geschehen ist –, dass es nichts jenseits dessen gibt, was die Augen sehen und die Hände berühren können, dann überträgt sich diese Überzeugung wie ein Raster auf die Lebensumstände, in denen wir leben. Über die letzten zwei Jahrhunderte haben wissenschaftliche Disziplinen Unmengen von Beweisen produziert, die diese Weltsicht bestätigen sollen. Je überzeugender der wissenschaftliche Beweis, der von den Menschen übernommen wird, umso mehr glaubt die Menschheit an ihr eigenwilliges Bild von der Welt. Als eine Konsequenz davon wird die ganze Natur, zusammen mit unzähligen Geschöpfen, dazu gezwungen in den tiefen Schlaf eines eingeschränkten Bewusstseins zu fallen. Das Märchen von Dornröschen beschreibt die Situation, in der die Menschheit sich befindet, und mit ihr auch die Naturwelten, auf eine brillante und sinnlich illustrative Weise.

Um das Schloss herum begann eine Dornenhecke zu wachsen, die jedes Jahr höher und breiter wurde, bis sie am Ende das ganze Schloss umgab und bedeckte, sogar noch darüber hinaus, so dass sogar die Flagge auf dem höchsten Turm nicht mehr zu sehen war.

Von Zeit zu Zeit kamen Prinzen und Ritter, um sich mit Gewalt einen Weg durch die Dornenhecke in das Schloss zu bahnen, doch ihr Ende war traurig, denn sie blieben in den Dornen stecken. Doch genau hundert

Jahre nach dem Tag, an dem sich die Prinzessin unglücklicherweise gestochen hatte, kam ein junger Mann in das Land, der sich nicht vor Dornen fürchtete und dem es bestimmt war, zur Prinzessin hindurchzukommen.

Und siehe da, als der Prinz sich der Dornenhecke näherte, waren es nur große wunderschöne Rosenstöcke, die sich voneinander trennten und dem Prinzen den Weg freigaben, um Dornröschen zu erreichen. Da lag sie vor ihm und war so schön, dass der Prinz seinen Blick nicht von ihren Lippen lösen konnte. Er beugte sich über sie und gab ihr einen Kuss, der sie aufweckte.

In diesem Moment erwachten der König und die Königin und alle königlichen Diener und Mägde. Die Pferde im Schlosshof standen auf und schüttelten sich, die Jagdhunde sprangen auf und wedelten mit ihren Schwänzen. Die Tauben auf dem Dach zogen ihre kleinen Köpfe unter ihrem Gefieder hervor und flogen hinaus in die Felder. Die Fliegen an der Wand begannen wieder zu krabbeln, und das Feuer in der Küche flammte auf. Der Koch zog an den Ohren des Küchenjungen, und die Magd fuhr damit fort, das Mittagessen zuzubereiten.

Die letzte Szene von Dornröschen macht deutlich, warum die Geschichte erdacht wurde und warum die Menschen sie so sehr liebten, dass sie diese mündlich von Generation zu Generation weitergaben. Das Märchen gab ihnen die Gewissheit – und überzeugt uns auch noch heute–, dass das Unglück des patriarchalen Zeitalters nicht in alle Ewigkeit fortbestehen wird. Wir müssen nicht für immer unter arroganten Herrschern leiden, noch ungerechte soziale Systeme aushalten, die sicherstellen, dass die Reichen immer reicher und die Armen immer ärmer werden, noch müssen wir starke Männer ertragen, die bis zu den Zähnen bewaffnet sind.

Die symbolischen hundert Jahre zeigen uns, dass wir unter einem Zeitalter leiden, das endlich ist. Die Räder des kosmischen Zyklus haben es auf der Erde abgelagert, um uns Menschen und allen anderen Geschöpfen dieser Erde eine bestimmte, oft unangenehme, aber notwendige Erfahrung zu vermitteln, und sie werden es ins Jenseits befördern, wenn die »hundert Jahre« vergangen sind. Das ist die tröstliche Gewissheit von

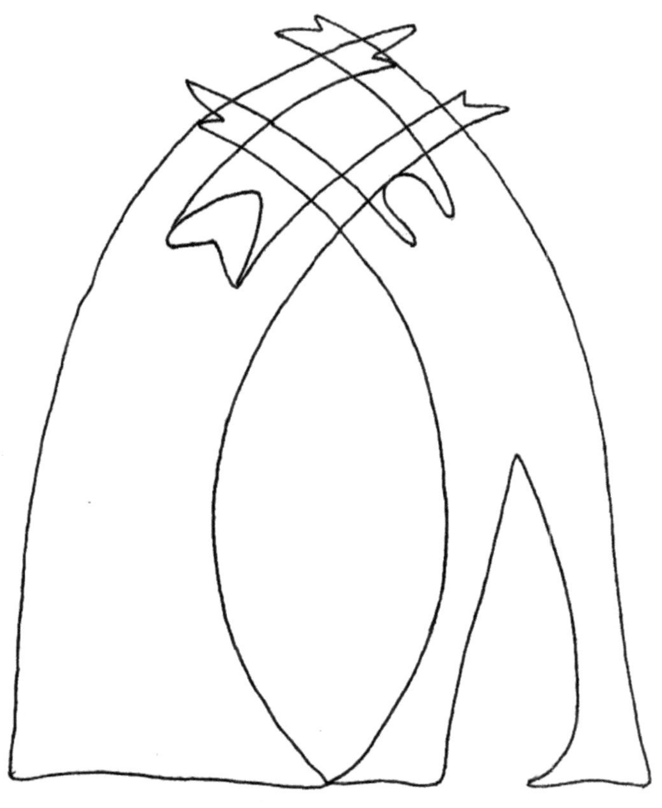

Das Glück erblüht, wenn das feminine und maskuline Prinzip ausgeglichen sind und sie sich lieben.

Dornröschen, und vielleicht brauchen wir sie mehr als jemals zuvor, da sich der Druck auf die Freiheit aller Lebensströme intensiviert und der feste Griff der rationalen Systeme durch fast alle Poren des Lebens dringt.

Schneewittchen

Schneewittchen kann die männliche Vorherrschaft der menschlichen Gesellschaft und der Erde aus einem anderen Blickwinkel beleuchten, und somit die Botschaft des Märchens »Dornröschen« vervollständigen, ähnlich wie das von »Aschenputtel«.

Es war mitten im Winter, und die Schneeflocken fielen wie weiße Federn vom Himmel. Eine Königin saß am Fenster, das von schwarzem Ebenholz umrahmt war, und nähte. Und während sie arbeitete und ab und zu aus dem Fenster auf den Schnee schaute, stach sie sich in den Finger. Drei Tropfen roten Blutes fielen auf den Schnee. Und als sie sah, wie diese so wunderschön auf dem weißen Schnee glitzerten, dachte sie bei sich: »Oh, hätte ich doch nur ein Baby, ein Mädchen so weiß wie Schnee, mit rosigen Wangen wie Blut und schwarzem Haar wie Ebenholz.«

Nicht lange danach gebar sie eine Tochter, so weiß wie Schnee, mit rosigen Wangen wie Blut und schwarzem Haar wie Ebenholz. Sie nannten sie Schneewittchen.

Die Eröffnungspassage dieser Erzählung wird durch drei Farben gekennzeichnet, die dreimal wiederholt werden: Weiß, Rot und Schwarz. Nach den Traditionen alter Kulturen werden die dreimal wiederholten drei Farben mit der dreigestaltigen Göttin assoziiert, die den Zyklus des Lebens verkörpert.

- Die weiße Göttin, auch die jungfräuliche Göttin genannt, verkörpert das Prinzip der miteinander verbundenen Ganzheit der Erde und des Universums. Sie ist die Göttin der Wiedergeburt und wird deshalb mit der aufblühenden Natur des Frühlings in Verbindung gebracht und verehrt.
- Die rote Göttin, auch als Muttergöttin bekannt, verkörpert mit ihrem Überfluss und ihrer Kreativität die Essenz des Lebens. Traditionell wird sie mit dem Hochsommer und der Hochzeit zwischen den femininen und maskulinen Prinzipien assoziiert.
- Die schwarze Göttin, auch Mutter des Todes genannt, verkörpert das Prinzip der Transformation, das durch den Tod hindurch zur Wieder-

Der Archetyp der drei Aspekte der Göttin
als Jungfrau, Mutter und als Symbol für Transformation

geburt führt. Sie wird traditionell mit der Zeit des späten Herbstes und Winters in Verbindung gebracht, wenn das Leben der Natur stirbt, nur um im Frühling wieder neu geboren zu werden.

Die Vorstellung der Göttin vervollständigt die Idee eines männlichen Gottes, genauso wie das weibliche Prinzip das männliche ergänzt. Genauer gesagt, ist das Wesen der Göttin das ursprüngliche, weil sie die Bewegung und den Kreislauf der kosmischen Zyklen und der Lebenszyklen verkörpert. Die Rolle des männlichen Gottes ist zweitrangig. Er tritt an bestimmten Punkten des Lebensrades in Erscheinung, erfüllt seine Funktion als Partner der Göttin und verlässt das Rad dann wieder.

Schneewittchen gibt Zeugnis von einem unseligen Zeitalter – eines, das sich immer noch weigert, seinen festen Griff um die Menschheit zu lösen, und in dem männliche Kräfte die Rolle der Göttin übernehmen und das Leben, die Menschheit sowie alle Wesen der Erde beherrschen wollen. Natürlich sind männliche Kräfte nicht in der Lage, Leben zu gebären und die Lebenszyklen zu erhalten. Deshalb eignen sie sich weibliche Werte durch Nachahmung an, während sie die Liebe und die Verantwortung für das Leben, die die Essenz der Göttin ausmachen, preisgeben. Im Gegenteil, sie bemächtigen sich ihrer Gaben und nutzen sie für ihre eigenen Zwecke.

Schauen wir uns genau an, was das Märchen Schneewittchen über dieses pervertierte Zeitalter berichtet:

Als das kleine Mädchen geboren wurde, starb ihre Mutter, die Königin. Ein Jahr später nahm sich der König eine andere Frau. Sie war schön, aber hochmütig und eingebildet und konnte es nicht ertragen, in ihrer Schönheit übertroffen zu werden. Sie hatte einen Zauberspiegel, und immer wenn sie vor ihm stand, fragte sie: »Spieglein, Spieglein, an der Wand, wer ist die Schönste im ganzen Land?« Der Spiegel antwortete: »Oh, Königin, Ihr seid die Schönste hier.« Die Zeit verging und Schneewittchen wurde immer schöner. Bereits mit sieben Jahren übertraf sie ihre Stiefmutter an Schönheit. Als die Königin eines Tages wieder vor den Spiegel trat und fragte, antwortete dieser wahrheitsgemäß: »Schneewittchen ist tausendmal schöner als Ihr.«

Die Königin war entsetzt und wurde grün vor Neid. Eifersucht und Stolz wuchsen wie Unkraut in ihrem Herzen, das jeden Tag höher wucherte. Zuletzt schickte sie nach einem Jäger und befahl ihm: »Nimm dieses Kind und trage es in die Wälder, ich will es nicht mehr sehen. Töte es und bring mir seine Lungen und Leber als Beweis.«

Historisch begann die Zerstörung der Kultur der Göttin mit der Invasion der sogenannten Kurgan-Völker, die in der Mitte des dritten Jahrtausends vor unserer Zeitrechnung aus den Steppen Asiens nach Europa vordrangen. In den darauffolgenden Jahrhunderten überrannten patriarchalisch organisierte Steppenreiter die sogenannten matrifokalen Kulturen, die auf dem zyklischen Prinzip der Göttin und auf der Zusammenarbeit mit den Elementarwesen der Erde und der Natur beruhten. In Europa stießen die Fremden auf eine Hochkultur, reich an mythischen Traditionen und Ritualen sowie herausragenden Fertigkeiten in der Weberei, der Töpferei und anderen handwerklichen Fähigkeiten, eine Kultur, die auf der Koexistenz mit der Natur und ihren Wesenheiten aufbaute. In den folgenden Jahrhunderten gab es im Alten Europa viele Wanderungsbewegungen; so gelangten kriegerische, nomadische Völker wie die der Achäer, Dorer und Ionier nach Griechenland, und die waffenkundigen Kelten verbreiteten sich auf ihren Eroberungszügen über verschiedene Teile Europas. Sie übernahmen das Wissen und die Fertigkeiten der indigenen matrifokalen Völker, durchdrangen deren Kultur jedoch mit Elementen ihrer eigenen maskulinen Werte. Aus dieser hybriden Mischung entstand eine neue Kultur, die perfekt durch die Figur von Schneewittchens Stiefmutter repräsentiert wird.

Der Jäger gehorchte und führte das Mädchen tief in die Wälder hinein. Doch als er sein Jagdmesser hervorzog, um es Schneewittchen ins Herz zu stoßen, begann sie zu weinen und bat den Jäger, sie zu schonen und am Leben zu lassen. »Ich will tief in die wilden Wälder gehen und nie mehr zum Schloss zurückkehren.« Der Jäger war ihr gnädig und ließ sie davonkommen, überzeugt, dass sie am Ende von wilden Tieren zerrissen würde. Er häutete einen jungen Eber, schnitt seine Lungen und Leber heraus und brachte sie der Stiefmutter als Beweis dafür, dass Schneewittchen tot sei.

Schneewittchen rannte barfuß durch den dunklen Wald, über spitze Steine und durch Dornen. Wilde Tiere drückten sich um sie herum und liefen ihr hinterher, taten ihr aber nichts an. Und als der Tag langsam zur Nacht wurde, kam sie zu einer Lichtung, und in deren Mitte stand ein kleines Haus. Todmüde ging sie hinein, um sich auszuruhen.

Alles in dem Haus war sehr klein, es gab einen kleinen Tisch, der mit einem weißen Tischtuch bedeckt war, darauf befanden sich sieben kleine Tellerchen mit sieben Löffelchen, sieben kleine Gabeln und sieben kleine Messer. Und an der Wand standen sieben kleine Bettchen, bezogen mit sauberen, weißen Laken. Schneewittchen suchte sich eines aus, legte sich nieder und fiel sofort in einen tiefen Schlaf.

Die Nähe des Todes, die Schneewittchen an diesem Tag erfuhr, und die Erschöpfung durch die Flucht in den dunklen Wald sind Symbole der Transformation. Ausgestoßen aus den mit Reichtum ausgestatteten Räumen des königlichen Schlosses, findet sie sich barfuß zwischen Dornen und wilden Tieren wieder. Doch dieser tiefe Fall soll nicht etwa unser Mitleid für die Heldin erwecken, sondern ist Symbol für den Übergang aus einer Dimension der Existenz in eine andere. Auf der einen Seite des dunklen Waldes finden wir das normale alltägliche Leben, regiert von einem patriarchalen System, das sich nicht für Werte wie Wahrheit, Freiheit und Liebe interessiert – oder, um genau zu sein, diese als zweitrangige Qualitäten betrachtet, die nur Außenseitern zugeschrieben werden. Auf der anderen Seite des dunklen Waldes ist alles anders: Statt normaler Teller stehen Untertassen auf dem Tisch, zusammen mit kleinen Löffeln, Gabeln und Messern. Vertraute Dinge des täglichen Lebens haben hier eine ungewohnte Größe. Nachdem Schneewittchen den dunklen Wald hinter sich gelassen hat, findet sie sich in einer andersartigen, fremden Welt wieder.

Diese andersartige und fremde Welt ist eigentlich ein Spiegelbild der Wirklichkeit, die uns umgibt, sobald wir hier auf der Erde geboren werden. Wir leben in einer verkörperten Welt, während sich Schneewittchen in einer Welt wiederfindet, die die kausale Dimension der Welt genannt wird. Das Märchen betont die Ähnlichkeit und gleichzeitig die Unterschiedlichkeit der zwei Welten, indem es zwischen einem normalen Haus und einem kleinen Haus unterscheidet, zwischen einem normalen und einem kleinen Bett und so fort. In der kausalen Dimension existieren Wesen und sind Kräfte am Werk, die die Archetypen erschaffen, nach deren Muster die manifestierte Welt in jedem Moment neu geformt wird. Unser Märchen bezeichnet die Wesen der kausalen Welt als »Zwerge«, denn aufgrund der veränderten Relationen zwischen der manifesten und der kausalen Dimension der Welt sind die Wesen der kausalen Dimension nicht größer als ein menschlicher Daumen.

Spät in der Nacht kehrten die sieben Zwerge aus den Bergen zurück, wo sie den ganzen Tag nach Gold gegraben hatten. Als sie ihre winzigen Lämpchen anmachten, bemerkten sie, dass sich in ihrem Haus etwas verändert hatte, seit sie es verlassen hatten.

»Wer hat auf meinem Stuhl gesessen?« fragte der erste.

»Und wer hat von meinem Teller gegessen?« der zweite.

»Wer hat von meinem Brot genommen?« fragte der dritte und so fort, bis sie endlich ein wunderschönes kleines Kind entdeckten, das in einem ihrer Bettchen schlief.

Als Schneewittchen am nächsten Morgen erwachte, fragten die Zwerge, wie sie in ihr Haus gekommen sei. Sie erzählte ihnen wahrheitsgemäß alles, was sich zugetragen hatte, und die Zwerge luden sie ein, bei ihnen zu bleiben. Sie könne ihre Betten machen, ihre Kleider waschen und flicken und das Haus ordentlich und sauber halten, denn die Zwerge verließen jeden Morgen sehr früh das Haus, um nach Gold zu graben, und kamen erst spät abends zurück. Dort erwartete sie nun immer ein leckeres Abendessen, das ihnen Schneewittchen zubereitet hatte. Jeden Morgen, bevor sie zu ihrer Arbeit gingen, warnten sie Schneewittchen: »Hüte dich vor deiner Stiefmutter und lass niemanden ins Haus.«

Die Geschichte von Schneewittchen versichert den Menschen, die unter der patriarchalen Ordnung leiden: »Auch wenn das Zeitalter der Göttin, das der kosmischen Ordnung und den Zyklen der Natur folgt, lange

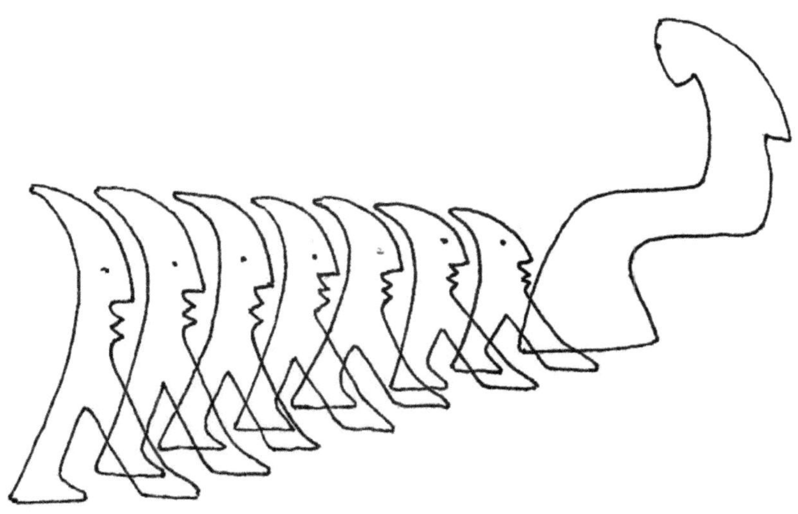

Schneewittchen und die sieben Zwerge

vorbei ist, so ist doch die Tochter der dreigestaltigen Göttin noch am Leben. Sie wurde zwar aus der verkörperten Welt verbannt, und ihr könnt euch nicht mehr an ihrer liebevollen und aufrichtigen Gegenwart erfreuen. Denn sie lebt nun in der ›Anderswelt‹, zusammen mit den Elementarwesen der Erde und der Natur. Von dort verteilt sie insgeheim und unmerklich ihre Schönheit und Liebe unter alle Wesen der manifestierten Welt. Wenn ihr tief in euer Herz hineinlauscht, werdet ihr ihren Segen spüren.«

Die Gnome – ein anderer Name für Zwerge – waren sich der Tatsache bewusst, dass sich die Archetypen und die Werte (Qualitäten) der kausalen Welt unumkehrbar in der manifesten Welt unter allen Wesen der Natur und in der menschlichen Kultur ausbreiten. Es war also nur eine Frage der Zeit, bevor die grausame Stiefmutter erfuhr, dass die Tochter der Göttin noch lebt und die Verbannte in der kausalen Welt bei den Elementarwesen Zuflucht gefunden hat. Von daher ihre Warnung: »Hüte dich vor der Stiefmutter.«

Weil sie sich sicher war, dass die Lungen und Leber, die sie gegessen hatte, zu Schneewittchen gehörten und nicht zu einem wilden Eber, war ihre Stiefmutter davon überzeugt, endlich wieder die Allerschönste zu sein, und wollte sich von ihrem Zauberspiegel die Bestätigung holen: »Spieglein, Spieglein an der Wand, wer ist die Schönste im ganzen Land?« Der Spiegel an der Wand bestätigte ihr, dass sie ohne Zweifel die Schönste in der verkörperten Welt sei, dass aber Schneewittchen bei den Zwergen über den sieben Bergen tausendmal schöner sei als sie. So schmiedete die Königin Stiefmutter Pläne, wie sie in das kausale Land der Zwerge eindringen könnte, um ihre Rivalin loszuwerden.

Sie färbte ihr Gesicht grau und kleidete sich wie eine alte Hausiererin, so dass sie nicht zu erkennen war. So verkleidet machte sie sich auf den Weg über die sieben Berge zu dem Haus der sieben Zwerge und rief wie eine Hausiererin: »Gute Waren zu verkaufen, heute sehr preiswert!« Schneewittchen spähte vorsichtig aus dem Fenster und sagte: »Einen schönen Tag, gute Frau, was habt Ihr zu verkaufen?« Die Hausiererin zeigte ihr einen Gürtel, der aus farbiger Seide gefertigt war und der Schneewittchen sehr gut gefiel. »Ich muss wohl keine Angst haben, diese ehrenhafte Frau hereinzulassen«, dachte sie bei sich, öffnete die Tür und kaufte den Gürtel. »Komm her, damit ich dir den Gürtel richtig umlegen kann«, meinte schlau die Hausiererin. Schneewittchen stellte sich arglos vor sie hin, und die alte Frau ergriff die Gelegenheit und schnürte ihr den Gürtel so eng um die Taille, dass dem armen Mädchen die Luft wegblieb und sie wie tot zu Boden fiel.

Nicht lange danach kamen die Zwerge von ihrer Arbeit zurück und fanden Schneewittchen augenscheinlich tot auf dem Boden liegend. Hastig hoben sie Schneewittchen hoch und zerschnitten den tödlichen Gürtel. Das Mädchen fing wieder zu atmen an und kehrte langsam ins Leben zurück.

Die Geschichte beschreibt mit bemerkenswerter Genauigkeit das Problem, unter dem die Menschheit nach dem Tod der Königinmutter als Personifikation der Göttin leidet, und die Herrschaft einer einseitigen und ausbeuterisch männlichen Ordnung auf der Erde. Schneewittchen wird nicht von ihrem Vater unterdrückt, sondern von einer sittlich verdorbenen Frau. Das unterstreicht mit aller Deutlichkeit, dass das männliche Prinzip nicht von Natur aus giftig ist. Es wirkt sich nur dann toxisch auf die Menschheit aus und wird zu einer Gefahr für die Naturwesen, wenn es nicht von weiblicher Empfindsamkeit und Anmut ausbalanciert wird. Symbolisch gesprochen, eignet sich der männliche Gott die Lebensbereiche an, für die die Göttin verantwortlich ist, und es droht Unheil.

Die Geschichte von Schneewittchen geht sogar noch weiter und enthüllt ein sorgfältig gehütetes Geheimnis. Ein verdorbenes und effeminiertes männliches Prinzip kontrolliert nicht nur fast alle Aspekte des Lebens in der manifestierten Welt, sondern hat auch drei verschiedene Wege gefunden, um heimlich in die kausale Welt einzudringen, und dabei die Archetypen, die die Evolution der Menschheit leiten, zu verändern. Schneewittchen beschreibt diese schicksalhafte Unterwanderung sehr genau und eine nach der anderen, natürlich in symbolischer Sprache.

Wenn das Märchen davon spricht, dass Schneewittchen durch den Gürtel die Luft abgeschnitten wird, verweist es auf ein bedauerliches Verhaltensmuster, die Taille einer Person zusammen zu schnüren, um so den Austausch zwischen den Kräften der Erde, die vom unteren Teil des

Körpers wirken, und den spirituellen Kräften, die im oberen Teil des Körpers präsent sind, zu verhindern. Menschliche Wesen können nur dann ganz und glücklich sein, wenn sie geerdet sind. Sind sie jedoch von der Erde und der Natur getrennt, verlieren sie ihre Orientierung in der verkörperten Welt und wissen nicht mehr, was der Zweck ihrer Existenz auf Erden ist. Als Folge davon agiert der Kopf sozusagen unabhängig vom restlichen Körper und erlaubt es dem Verstand, die Menschen auf einen mehr oder weniger gefährlichen oder gar lebensbedrohlichen Weg zu führen.

Als die böse Stiefmutter zum Schloss zurückkehrte, zog sie sich schnell um, putzte sich heraus und eilte mit ihrer immer gleichen Frage zum Zauberspiegel. Da sie die Tochter der Göttin ermordet hatte, war sie davon überzeugt, die Schönste in dieser Welt zu sein. Doch als sie die Antwort hörte: »Frau Königin, Ihr seid die Schönste hier, aber Schneewittchen über den sieben Bergen, bei den sieben Zwergen (Synonym für: verbannt in die kausale Welt) ist tausendmal schöner als Ihr«, geriet sie außer sich vor Wut.

»Jetzt werde ich mir etwas ausdenken, dass sie sicher töten wird«, flüsterte sie zu sich selbst, und sie benutzte ihre geschickte Hexenkraft, um einen vergifteten Kamm herzustellen. Dann verkleidete sie sich wieder als alte Hausiererin und machte sich auf den Weg über die sieben Berge zum Land der Zwerge. Sie hielt an deren Haus an und bot billige Waren zum Verkauf an. Schneewittchen sah aus dem Fenster und versuchte, sie mit den Worten wegzuschicken, dass es ihr verboten sei, irgendjemanden hereinzulassen. Die vermeintliche alte Frau antwortete ihr, dass sie die Tür nicht zu öffnen brauche, sie müsse nur aus dem Fenster schauen, um zu sehen, welch schönen Kamm sie anzubieten habe. Schneewittchen fand den glänzenden Kamm reizvoll und war versucht, die Tür zu öffnen. Die Hausiererin beglückwünschte sie zu ihrem schönen schwarzen Haar und sagte: »Lass mich dein Haar kämmen!« Aber kaum hatte der Kamm ihr Haar berührt, begann das Gift auch schon zu wirken, und das Mädchen fiel bewusstlos zu Boden. Glücklicherweise wurde es bald dunkel, und die Zwerge kamen nach Hause. Aber zu ihrem größten Schrecken lag Schneewittchen schon wieder wie tot am Boden. Sie fanden den vergifteten Kamm, zogen ihn aus ihrem Haar, und Schneewittchen kam wieder zu sich.

Natürlich ist die Gestalt des Kammes mit dem Kopf assoziiert und mit dem damit verbundenen Konzept von Bewusstsein. Das Bild des vergifteten Kammes zeigt uns, dass wir es hier mit bestimmten Gedankenmustern zu tun haben, die das Bewusstsein der modernen Menschen vergiften. In unserer detaillierten Untersuchung des Märchens von Schneewittchen, haben wir uns bereits mit der ausschließenden Natur des rationalen Denkens befasst, das die Menschheit in den letzten Jahrhunderten bis zur Obsession erfasst hat. Es schließt alles aus, was nicht von der Logik verstanden und bewiesen werden kann. Damit werden weite Bereiche des Bewusstseins vom modernen Diskurs ausgeschlossen, und Fähigkeiten, die jenseits des Räderwerks der Vernunft auf der menschlichen Intuition, auf den Qualitäten des Herzens und auf der Imagination beruhen, werden abgelehnt.

Schneewittchen zeigt uns noch deutlicher als Dornröschen, wie es möglich wurde, dass eine kaltherzige und ausschließlich rationale Einstellung zum Leben, zur menschlichen Gemeinschaft und gegenüber den Wesen der Natur das menschliche Bewusstsein vollkommen gefangennahm. Es geschah mit Hilfe eines vergifteten Kamms, dessen Zähne genauso geformt waren wie ein Strichcode auf Waren, der bestimmte Informationen enthält. Nach dem Eindringen in die Archetypen der kausalen Welt, von denen Schneewittchen spricht, erhalten die Menschen wie bei einem Strichcode eine Art unterschwelliger Information, die besagt, dass nur die rationale Matrix für Wahrheit steht und alle anderen Formen von Wahrnehmung nicht mit der Wirklichkeit übereinstimmen. Wenn wir uns diese Dinge nicht genügend bewusst machen, kann es leicht passieren, dass wir in die Falle der Königin Stiefmutter tappen und unsere Mitmenschen, die andere Meinungen vertreten als die Allgemeinheit, als unsere Feinde ansehen, die uns bedrohen.

Als die böse Stiefmutter zum Schloss zurückkehrte, putzte sie sich heraus und eilte mit der gleichen Frage zu dem Zauberspiegel, die sie ihm schon zweimal zuvor gestellt hatte. Dieses Mal war sie sicher, die Schönste in der Welt zu sein, glaubte sie doch, die Tochter der Göttin endlich getötet zu haben. Doch wieder geriet sie außer sich, als sie die Antwort hörte: »Meine Königin, Ihr seid die Schönste hier. Aber Schneewittchen jenseits der Berge (verbannt in die kausale Welt) ist tausendmal schöner als Ihr.«

Als die Stiefmutter das Urteil des Spiegels hörte, eilte sie in ihr geheimes Gemach, wo niemand außer sie selbst Zutritt hatte, und präparierte einen Apfel mit einem tödlichen Gift. Dieser war wunderschön anzusehen, auf der einen Seite weiß und auf der anderen rot. Jede Person, die auch nur ein kleines Stück davon zu sich nähme, würde auf der Stelle sterben. Als der Apfel fertig war, färbte die Königin ihr Gesicht, verkleidete sich dieses Mal als Bauersfrau und machte sich auf den Weg über die sieben Berge zum Haus der sieben Zwerge.

Sie klopfte an die Tür. Schneewittchen schaute aus dem Fenster und sagte: »Ich darf niemanden hereinlassen, die Zwerge haben es mir verboten.« Sie lehnte auch den Apfel ab, den die angebliche Bauersfrau ihr anbot. Aber diese akzeptierte kein Nein als Antwort und zerstreute Schneewittchens Bedenken, der Apfel könnte vergiftet sein, indem sie selbst einen Bissen von der weißen Hälfte des Apfels nahm. Denn dieser war so geschickt präpariert, dass nur die rote Hälfte des Apfels das tödliche Gift enthielt, nicht aber die weiße Hälfte. Überzeugt, dass der Apfel unschädlich sei, streckte Schneewittchen nun ihre Hand aus, nahm die rote Hälfte des Apfels aus der Hand ihrer Stiefmutter, und kaum hatte sie einen Bissen davon genommen, fiel sie tot zu Boden.

Die Königin warf ihr einen fürchterlichen Blick zu und sprach: »Weiß wie Schnee, rot wie Blut und schwarz wie Ebenholz! Dieses Mal wird dich kein Zwerg erwecken!« Sie eilte zurück zum Schloss, reinigte sich, legte ihre königlichen Gewänder an und stellte sich mit ihrer ewig gleichen Frage vor den Spiegel: »Spieglein, Spieglein an der Wand, wer ist die Schönste im ganzen Land?« Dieses Mal antwortete der Spiegel zu ihrer riesigen Freude: »Frau Königin, Ihr seid die Schönste von allen!«

Die Aussage des Zauberspiegels gibt uns zu verstehen, dass dieser dritte Eingriff verhängnisvoller ist als die beiden anderen. Obwohl die ersten beiden Eingriffe in die kausale Welt des menschlichen Wesens die mensch-

Drei Formen des patriarchalen Eingriffs in die Welt der menschlichen Wesen und der Natur

liche Essenz ernsthaft eingrenzten und schwächten, hatten die Menschen doch weiterhin die Möglichkeit, sich dessen bewusst zu werden und sich davon zu befreien. Nach Aussage des Zauberspiegels scheint der dritte Eingriff unumkehrbar zu sein. Als Folge davon verliert das menschliche Wesen seine Essenz und ist auf seinem irdischen Weg verloren – vielleicht sogar bis in alle Ewigkeit. Was ist so schlimm an dem Symbol eines Apfels, der in zwei Hälften geteilt wird. Eine Hälfte ist genießbar, die andere giftig.

Wir haben es hier mit einem Muster zu tun, das Gut und Böse grundlegend voneinander abgrenzt. In der religiösen Sphäre finden wir dieses Muster in dem Mythos vom »Jüngsten Gericht«. Am Ende der Zeit – so wird angenommen – teilt der patriarchale Gott die Menschen in zwei Hälften. Die Sündhaften und Bösen fahren zur Hölle und die Guten und Gottesfürchtigen kommen in den Himmel. Die rassistische Trennung zwischen Weiß und Schwarz ist in der ganzen Welt ein wiederkehrendes Thema. Letzten Endes ist dieses Muster der Trennung zwischen Richtig und Falsch der Grund für endlose Konflikte und Kriege.

Viele Menschen auf der Erde sind sich der Gefahr bewusst, die die Trennung zwischen Gut und Böse mit sich bringt, und vermeiden sie mehr oder weniger erfolgreich. Doch was können wir von der Geschichte lernen, wenn wir uns die Konsequenzen dieser Spaltung durch die endgültige Vergiftung von Schneewittchen ansehen? Wir wollen herausfinden, was uns heutzutage so sehr in seinem Griff gefangen hält.

Zuallererst fällt die Tatsache ins Auge, dass die entscheidende Vergiftung von Schneewittchen mittels eines Apfels geschieht. Der Apfel steht als Symbol für ein glückliches und erfülltes Leben. Der vergiftete Apfel bedeutet, dass die Kräfte, die dem Leben feindlich gegenüberstehen, verkörpert in der Königin Stiefmutter, insgeheim die Wurzeln des irdischen Lebens auf der kausalen Ebene abgeschnitten haben. Und sie tun das, während sie gleichzeitig so laut wie nur möglich verkünden, dass sie die Gesundheit der Menschen und die natürliche Umwelt bewahren wollen. Das wäre die weiße Hälfte des vergifteten Apfels, die rote Hälfte erscheint mir wie eine völlig ausgedörrte Landschaft ohne einen Tropfen Wasser.

Die Kräfte, die im Namen von Schneewittchens Stiefmutter handeln, haben die Lebenswurzeln auf der kausalen Ebene gekappt und die lebendige Landschaft trockengelegt. Das ist der einzige Weg, wie sie der Menschheit ihre Vorstellung der Welt aufzwingen können, eine Welt, die nach den Regeln der Kybernetik funktioniert, mit Atomtechnologie und einem phantastisch anmutenden Internet ausgestattet ist, und Maschinen mit künstlicher Intelligenz herstellt, die den Menschen alles bieten können, was sie in ihrem ethisch und spirituell verarmten Leben brauchen.

Die Zwerge kehrten am Abend zurück und fanden Schneewittchen tot vor. Nicht ein Atemhauch kam aus ihrem Mund. Sie legten die Schöne auf eine Bahre und trauerten drei Tage um sie. Als die Zeit kam, sie zu begraben, brachten sie es nicht über ihr Herz, sie im schwarzen Boden zu versenken, denn immer noch sah sie aus wie eine lebende Person, und ihre Wangen glühten rosig wie zuvor.

Sie zimmerten einen besonderen Sarg aus Glas, der von allen Seiten eingesehen werden konnte, und stellten ihn hoch oben auf einen Berg. Und es kamen Tiere, die um Schneewittchen weinten: Zuerst kam eine Eule im Namen der roten Göttin, dann ein Rabe im Namen der schwarzen Göttin und zum Schluss eine Taube im Namen der weißen Göttin. So lag Schneewittchen für eine lange Zeit im Grab, ohne zu verwesen, sie war immer noch weiß wie Schnee, mit Wangen so rot wie Blut und mit Haaren so schwarz wie Ebenholz.

Ein schwacher Schimmer der Hoffnung scheint vorsichtig durch das Märchen hindurch. Der Archetyp des menschlichen Lebens und mit ihm die Freiheit der Menschen spirituell zu wachsen und sich zu entwickeln ist von göttlicher Natur. Unabhängig davon, wie geschickt die Kräfte, die den Archetyp des menschlichen Lebens unterjochen und komplett seiner selbst entfremden wollen, ihre Gewalt ausüben, was von göttlicher Natur ist, kann nicht zerstört werden. Schneewittchen mag tot sein, doch sie lebt immer noch auf eine Art und Weise, die der menschlichen Logik fremd ist. Der gläserne Sarg ist ein Symbol eines dritten kosmischen Raums, der als weiter Kreis der göttlichen Gnade jenseits des kausalen Raums und der manifesten Welt existiert. Die göttliche Idee eines menschlichen Wesens, das gleichzeitig auf der spirituellen wie auf der irdischen Ebene existiert, liegt jenseits von Zeit und Raum. Diese Idee ist eine Möglichkeit, die in jedem Moment von neuem materialisiert werden kann.

Und so ging die Geschichte weiter: Ein Prinz kam aus fernen Landen, entdeckte den Sarg mit Schneewittchen darin und verliebte sich sofort in sie. Er bat die Zwerge, sie ihm zu überlassen, da er sie unendlich liebe, auch wenn sie tot sei. Nachdem er sie lange überredet hatte, stimmten sie schließlich zu, nahmen den Sarg auf ihre Schultern, um ihn in das Schloss des Prinzen zu bringen. Auf ihrem Weg stolperten sie über den mächtigen Baumstumpf einer Eiche, und durch diese Erschütterung sprang der Bissen von dem vergifteten Apfel aus Schneewittchens Kehle. Sie öffnete ihre Augen, hob den Deckel ihres Sarges, setzte sich auf und schrie auf: »Oje, wo bin ich?«

Die Passage des Prinzen aus einem fernen Land kann als der Orbit eines weiten kosmischen Zyklus gedeutet werden, der in der Lage ist, den göttlichen Kern des menschlichen Wesens zu erwecken und so den Weg für das Wiedererwachen der Menschheit zu ebnen – um in der Umarmung einer anderen, bisher unbekannten Ebene von Zeit und Raum zu erwachen. Schneewittchens Frage: »Wo bin ich?« ist daher vollkommen angemessen.

Rotkäppchen

Rotkäppchen ist eine sehr ernstzunehmende Geschichte, weil sie versucht, sehr genau der Frage nachzugehen, wie es dazu kam, dass die Traumwelt, die kausale Dimension der Menschheit deformiert werden konnte und welche Konsequenzen dieses unglückselige Eindringen hat. Ich hoffe, dass ihr schon die Märchen von Dornröschen und Schneewittchen gelesen habt, die von den beiden anderen Heldinnen aus Grimms Märchen handeln, denn diese bereiten – auf je eigene Weise – den Boden dafür, die Enthüllung der Geschichte von Rotkäppchen aus einer anderen Perspektive zu verstehen.

Es war einmal ein süßes kleines Mädchen, das alle liebten, sobald sie ein Auge auf sie geworfen hatten. Doch am meisten wurde sie von ihrer Großmutter geliebt. Eines Tages gab sie ihrer Enkelin einen kleinen Hut aus rotem Samt. Dieser stand ihr so auffallend gut, dass sie keinen anderen mehr tragen wollte, und so nannten sie alle Rotkäppchen.

Wir wissen schon durch unseren Besuch bei Schneewittchen, dass Rot eine der drei Farben des weiblichen Aspekts der Göttlichkeit ist und dass der weibliche Aspekt der Gottheit, die Göttin, den Lebenszyklus auf verschiedenen Ebenen der Existenz verkörpert. Das kann sich auf die Jahreszeiten beziehen oder auf die Lebensspanne eines menschlichen Wesens, auf die Mondphasen oder auf den kreativen Prozess. Die Farbe Weiß markiert den Beginn eines Zyklus, wenn alles noch in ein Ganzes integriert ist. Die Farbe Rot wird mit den kreativen Prozessen in der Natur und Kultur gleichgesetzt. Alles beginnt zu blühen und offenbart das gesamte Spektrum der Fülle des Lebens. Es folgt die Weisheit des Spätherbstes und Winters und das Leben nach dem Leben als Geschenk der schwarzen Göttin der Transformation.

Die rote Farbe des Hutes ist offensichtlich ein Hinweis auf die kreative Phase des Lebenszyklus, der durch den Reichtum der schöpferischen Vorgänge charakterisiert wird, ein Reichtum und Überfluss, der unablässig von den kausalen Ebenen in das tägliche Leben der manifestierten Welt fließt. Doch das Märchen von Rotkäppchen setzt ein Fragezeichen hinter diesen Lebensfluss. Ist dieser Fluss wirklich rein und der Musik des Lebens gewidmet? Was ist, wenn Filter dazwischengesetzt wurden, um den freien Fluss der schöpferischen Lebensenergie einzuschränken oder sogar zu unterbinden?

Eines Tages wurde das kleine Rotkäppchen von seiner Mutter zu der geliebten Großmutter geschickt: »Hier ist ein Korb mit einem Stück Kuchen und einer Flasche Wein, bring ihn zu deiner Großmutter. Sie ist krank und diese Leckerbissen werden ihr guttun. Mach dich schnell auf den Weg, und wenn du durch den dunklen Wald kommst, dann halte dich auf dem Weg. Renn nicht auf den Nebenwegen herum, damit du nicht fällst und die Flasche nicht zerbricht.«

Behalten wir im Auge, dass wir es hier mit drei Generationen zu tun haben, eine Großmutter, eine Mutter und eine Tochter oder Enkelin. Da die Großmutter alt und kränklich ist, könnte sie eine ferne kaum noch in der kollektiven Erinnerung nachvollziehbare Zeit der menschlichen Entwicklung repräsentieren, die die Geschichtsschreibung das Neolithikum oder die Jungsteinzeit nennt. Anthropologen sprechen auch vom Zeitalter der Göttin, das Millennium, in dem die Menschen dem Zyklus der dreigestaltigen Göttin folgten, indem sie ihr ganzes Sein und Leben bewusst auf den Zyklus der Natur einstimmten, auf all ihre Wesen und Kräfte. Folgerichtig würde ihre Enkelin, das Rotkäppchen, die Anwesenheit des weiblichen Prinzips in der gegenwärtigen Zeit repräsentieren, aber auch das tragische Schicksal, das Letztere in einem Zeitalter der männlichen oder patriarchalen Vorherrschaft ereilt.

Das Haus der Großmutter lag mitten im Wald, zwei Stunden vom Dorf entfernt. Rotkäppchen machte sich auf den Weg, und kaum hatte es den Wald erreicht, da lief ihm ein Wolf über den Weg. Da es nicht wusste, was für ein grimmiges Tier der Wolf ist, hatte es keine Angst vor ihm und grüßte ihn freundlich: »Guten Morgen, Wolf.« Er antwortete ihr, als würden sie sich schon immer kennen: »Guten Morgen, Rotkäppchen, wohin eilst du schon so früh am Morgen?« »Ich gehe zum Haus meiner Großmutter und bringe ihr ein Stück Kuchen und eine Flasche Wein, weil

Der moderne Mensch macht sich nicht bewusst,
dass er in der kausalen Welt von Kräften umgeben ist, die dem Leben
und der Wahrheit feindlich gegenüberstehen.

sie krank und schwach ist. So kann sie etwas essen und sich erquicken.« »Sag, Rotkäppchen, wo wohnt denn deine Großmutter?« »Sie lebt mitten im Wald, ihr kleines Haus steht unter drei großen Eichen und ist von Haselnussbäumen umgeben.«

Der Wolf ging eine Weile neben Rotkäppchen her und dachte bei sich: »Das wird ein köstlicher Happen sein und besser schmecken als die alte Frau. Ich muss klug handeln, dann werde ich beide auffressen.«

Zu Rotkäppchen aber sagte er: »Siehst du nicht die schönen Blumen, die im Wald wachsen? Hörst du nicht die Vögel singen? Warum hast du es so eilig und bist in Gedanken versunken, schau dich um und erfreue dich ein wenig!« Er wollte die Großmutter zuerst fressen und Rotkäppchen ablenken, damit sie vom Weg abkomme.

Es ist kein Zufall, dass ausgerechnet der Wolf als Symbol für die Kräfte ausgewählt wird, die versuchen, den Weg zu blockieren, der die Menschen zur Wiederentdeckung einer holistischen Weltsicht und zu ihrer menschlichen Essenz zurückführen könnte. Der Wolf muss töten, um zu überleben. In der Natur gibt es dafür einen guten Grund, der mit der Selektion der Spezies in Beziehung steht. Wenn Menschen töten, ist das etwas völlig anderes, denn vom Töten steht nichts geschrieben in unserem Buch des Lebens, es ist nicht eingeschrieben in der menschlichen Matrix und dient keinem sinnvollem Zweck. Außerdem jagt der Wolf nicht allein, sondern im Rudel. Das ist ein Symbol von entscheidender Bedeutung, das anzeigt, dass die Kräfte und Wesen, die versuchen, die menschliche Evolution zu unterbrechen, ein Netzwerk darstellen. Wir haben es nicht mit einer einzelnen großen und bösen Kreatur zu tun, sondern mit verschiedenen lebensfeindlichen Kräften, die sich eines gemeinsamen Bewusstseins bedienen und auf allen Ebenen der menschlichen Welt ihr Unwesen treiben. So ist es auch kein Wunder, dass der Wolf Rotkäppchen bei seinem Namen nennt, obwohl er ihm zum ersten Mal begegnet.

Die Geschichte illustriert auf perfekte Art und Weise, wie diese unerwünschten Kräfte in das Leben einzelner Individuen, Gemeinschaften, Nationen, religiöser Vereinigungen und so weiter eingreifen: durch Mimikry, durch Nachahmung. Sie tun so, als seien sie freundlich, und umrunden die nichtsahnenden Seelen dreimal, die nicht oder erst zu spät bemerken, dass sie einem Netz der Gegenkräfte gefangen sind.

Genau das geschah mit Rotkäppchen. Indem sie den verführerischen Worten des Wolfs nachgab, bemerkte sie plötzlich, wie die Sonnenstrahlen durch die Blätter der Bäume tanzten, und wie viele wunderschöne Blumen um sie herumstanden. »Wenn ich einen Strauß Blumen pflücke, wird Großmutter sich bestimmt darüber freuen«, dachte es. Es verließ den Weg, rannte in den tiefen Wald hinein und fing an, Blumen zu pflücken. Wenn es eine pflückte, sah es schon die nächste, die ihm noch schöner erschien. Gleich lief es los, um auch sie zu pflücken, und wanderte immer tiefer in den Wald hinein.

Der Wolf nutzte diese Gelegenheit und eilte zum Haus der Großmutter. Er klopfte an die Tür, und die Großmutter antwortete mit schwacher Stimme: »Wer ist da?» »Ich bin's, dein Rotkäppchen«, antwortete der Wolf. »Ich habe dir etwas Kuchen und Wein mitgebracht, öffne die Tür!« Die Großmutter antwortete: »Drück einfach die Türklinke herunter, ich bin zu schwach, um aufzustehen und dir die Tür zu öffnen.« Der Wolf drückte die Klinke herunter, trat ein und ging geradewegs zum Bett der Großmutter – und verschlang sie. Dann zog er das Nachthemd und die Nachtmütze der Großmutter an, legte sich in ihr Bett, zog die Bettvorhänge zu und wartete auf Rotkäppchen, um es ebenfalls zu fressen.

Bei Rotkäppchen begegnen wir einem ähnlichen Symbol für die kausale Welt wie bei Schneewittchen. Ich spiele hier auf das abgelegene Häuschen der Großmutter an, das sich auf der anderen Seite des weitläufigen Waldes befindet, zwei Stunden Fußmarsch vom Dorf entfernt. Wie das Haus der Zwerge liegt auch das Haus der Großmutter in einer parallelen Wirklichkeit.

In diesem Fall allerdings ist es das Dorf (und nicht das Schloss), das die alltägliche, die sogenannte manifestierte Welt repräsentiert. In der kausalen Welt jedoch werden die Archetypen und Blaupausen aufbewahrt, auf dessen Basis die manifestierte Welt des täglichen Lebens, die Kultur, Technologie, Ökonomie, Politik und die persönlichen Erfahrungen der gegenwärtig verkörperten Menschen in jedem einzelnen Moment neu geformt werden.

Die Großmutter, die hier das elementare Bewusstsein der Erde repräsentieren könnte, das durch die kausale Welt hindurch wirkt, wird vom Wolf verschlungen, das heißt: Hier existiert eine Kraft und ein Bewusstsein, das die natürlichen Muster der Existenz und das gegenseitige Beziehungsgeflecht löscht und sie durch falsche Muster ersetzt. Ich spreche hier von Mustern, die das Leben in der verkörperten Welt auf eine Art und Weise kontrollieren und steuern, dass die Menschen einander immer weniger verstehen und keine Toleranz gegenüber den Unterschieden von anderen aufbringen und ethische Werte und Fürsorge für andere in ihren persönlichen und internationalen Beziehungen vernachlässigen. Das Märchen beschreibt diesen unwillkommenen Wandel, indem es sich des Bildes eines Wolfs bedient, das ihn im Nachthemd der Großmutter und mit ihrer Nachtmütze auf dem Kopf in ihrem Bett liegend zeigt – als schäbigen Ersatz für die lebendige Gegenwart der Großmutter selbst.

Inzwischen hatte Rotkäppchen so viele Blumen gepflückt, dass es sie kaum noch tragen konnte. Erst in diesem Moment erinnerte es sich wieder an seine Großmutter. Es rannte zu deren Häuschen und wunderte sich, die Tür offen vorzufinden und keine Antwort auf seinen Gruß zu hören. Mit Angst im Herzen eilte es zu dem Bett und zog die Vorhänge zurück, die das Bett vor Blicken schützten.

Da lag die Großmutter vor ihm, die Nachtmütze hatte sie über ihr seltsames und eigenartiges Gesicht gezogen.

»Oh, liebe Großmutter, was hast du für große Ohren?«

»Damit ich dich besser hören kann, liebes Kind.«

»Oh, Großmutter, was hast du für große Augen?«

»Damit ich dich besser sehen kann.«

»Oh, Großmutter, was hast du für große Hände?«

»Damit ich dich besser packen kann.«

»Oh, Großmutter, was hast du für einen großen Mund?«

»Damit ich dich besser fressen kann!«

Der berühmte Dialog zwischen Rotkäppchen und dem Wolf erzählt auf eine versteckte Art und Weise, wie die Kräfte gegen die Entwicklung und das Glück der Menschheit arbeiten. Zuerst wird unsere Aufmerksamkeit

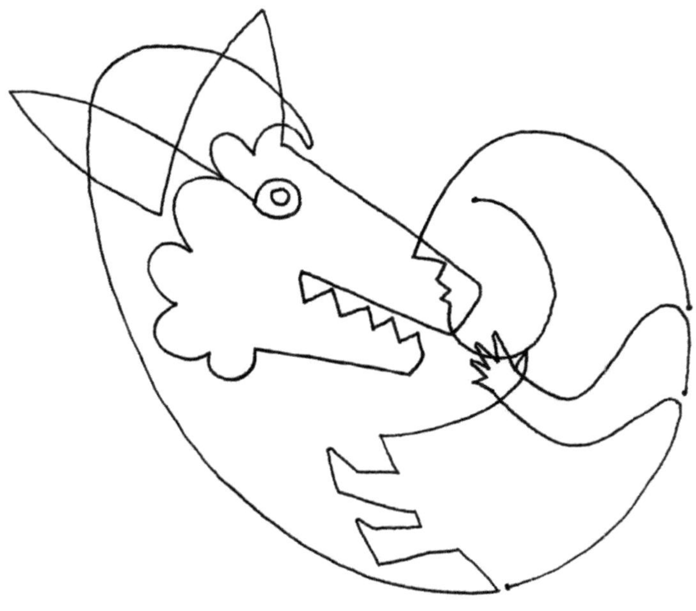

Das kindliche Bewusstsein der modernen Menschen erkennt nicht die Gefahr, in die es sich begibt, wenn es den Weg des Lebens geht.

auf die Ohren und Augen gelenkt, die hier symbolisch für die begrenzte menschliche Kapazität stehen, die gegenwärtige Wirklichkeit wahrzunehmen. Durch die Manipulation der kausalen Welt gelingt es diesen Kräften unsere fünf Sinne dermaßen aufzublähen, dass sie nicht länger in der Lage sind, irgendetwas jenseits der materiellen Welt wahrzunehmen. Wir werden ständig mit der Falschinformation gefüttert, dass es außer der materiellen Welt keine andere Wirklichkeit geben kann.

Als nächstes kommen die Hände als ein Symbol für Handlung ins Spiel. Wir vergessen, dass es einen Grund dafür gibt, warum wir uns mit unserem außerordentlich schöpferischen Vermögen auf dieser Erde verkörpert haben. Wir sind dazu ausersehen, mit unserer Mutter und Schwester Erde und ihren elementaren Wesen bei der Evolution der irdischen Schöpfung zusammenzuarbeiten. Stattdessen wird der moderne Mensch durch eine Art Kreativität überwältigt, die sich fortan nur noch in Produktivität äußert, die nur noch seiner eigenen Gier und seinem Ruhm gilt. Die Menschen werden mehr und mehr dem Sinn und Zweck ihrer irdischen Existenz entfremdet.

Wenn Rotkäppchen das riesige Maul des Wolfs entdeckt, warnt das Märchen vor der Gefahr, die Menschen droht, wenn sie sich auf den Weg der Gier führen lassen. Eine unbekannte Kraft drückt die Menschen in die Richtung von Egozentrismus und der Anhäufung von Gütern – und damit einher geht zur gleichen Zeit die Angst vor Armut und Entbehrung. Jede Person wird zum Konsumenten von allem, vorausgesetzt sie hat die Mittel und das Geld frei zu wählen.

Das Märchen von Rotkäppchen nimmt ein gutes Ende, da zufällig ein Jäger daherkommt, den Wolf erschießt und die Großmutter und das Rotkäppchen aus dem Bauch des Wolfs rettet. Doch das »Happy End« scheint irgendwie arrangiert zu sein. Wir erfahren mehr vom wahren Ende der Geschichte von Rotkäppchen, wenn wir uns die parallele Geschichte vom »Wolf und den sieben Geißlein« ansehen. Machen wir also dort weiter!

Der Wolf und die sieben Geißlein

Da zu Beginn des Märchens »Der Wolf und die sieben Geißlein« kein menschliches Wesen auftaucht, können wir annehmen, dass diese Geschichte von einem bestimmten Zustand der Erde und vom Schicksal des irdischen Raums erzählt. Gleichzeitig stimmt es aber auch, dass die Sprache der Mutterziege und ihrer Kleinen und des Wolfs die Art und Weise widerspiegelt, wie wir Menschen miteinander sprechen. Deshalb könnten wir auch sagen, dass das Märchen vom Schicksal einer Welt handelt, die entscheidend von der menschlichen Kultur geprägt wurde. Ich spreche hier vom Zeitalter des sogenannten Anthropozäns, von der Ära der menschlichen Herrschaft auf der Erde.

Es war einmal eine alte Ziege, die sieben kleine Geißlein hatte. Eines Tages musste sie in den Wald gehen, um Futter für sie zu besorgen, da rief sie alle zusammen: »Liebe Kinder«, sagte sie, »ich gehe jetzt in den Wald, und wenn ich weg bin, nehmt euch in acht vor dem Wolf. Wenn er kommt und ihr ihm die Tür öffnet, wird er euch alle auffressen. Der Schurke verkleidet sich oft, aber ihr werdet ihn an seiner rauhen Stimme und an seinen schwarzen Pfoten erkennen.«

Der Anfang der Erzählung bestätigt, dass in dieser Welt verschiedene Wesenheiten am Werk sind, eben auch jene, die sich dem blühenden Leben entgegenstellen. Aber es gibt eine Ahnentradition, die uns helfen kann, diese Wesen und ihre Kräfte zu erkennen und abzuwehren. Die Ziegenmutter steht für die Weisheit der Ahnen, die in der Lage sind, jene Kräfte, die dem Leben und der Wahrheit gegenüber feindlich gesinnt sind, zu erkennen. Denn die Art und Weise, wie sie sprechen, steht nicht im Einklang mit dem Ganzen (rauhe Stimme) und die dunkle Farbe ihrer Aura (schwarze Pfoten) ist für andere wahrnehmbar.

Kräfte, die dem Leben und der Wahrheit entgegenstehen, wurden von alten Kulturen als ambivalent wahrgenommen, dem Leben dienlich auf der einen und lebensfeindlich auf der anderen Seite. Das Märchen von Dornröschen präsentiert uns diese Kräfte in der Gestalt der dreizehnten, schwarzen Parze. Im Fall von Schneewittchen begegnen wir ihnen in der

Gestalt der Göttin der Transformation, »schwarz wie Ebenholz«, deren kosmischer Zweck es ist, den immer wiederkehrenden Zyklus des Lebens aufzubrechen oder ihn sogar in einem bestimmten Moment zu unterbrechen. Auf diese Art und Weise erschafft die Göttin der Transformation einen freien Raum, und als Folge davon kann sich in der himmlischen Sphäre der Natur etwas völlig Neues und Unerwartetes entwickeln. Die menschliche Kultur kann solches Eindringen der schwarzen Göttin ebenfalls für schöpferische Akte nutzen, unabhängig vom begrenzten Raum und der Geschwindigkeit von Zeit.

In der Tat klopfte es bald an der Tür des Ziegenhauses und eine Stimme sprach: »Öffnet die Tür, liebe Kinder, eure Mutter ist hier und hat jedem von euch etwas mitgebracht.« Doch die kleinen Geißlein erkannten den Wolf an dem rauhen Klang seiner Stimme und ließen ihn nicht herein. Da ging der Wolf zu einem Händler, kaufte eine Stück Kreide und schluckte es hinunter, damit seine Stimme weicher klingt. Er klopfte wieder an die Tür und sagte: »Öffnet die Tür, liebe Kinder, eure Mutter ist hier und hat jedem von euch etwas mitgebracht.« Doch während er so sprach, stellte der Wolf unbewusst seine schwarze Pfote an das Fenster in der Tür. Als die kleinen Geißlein das sahen, wussten sie, dass es der Wolf war, und öffneten nicht die Tür.

Das Märchen bestätigt den Wert von traditioneller Weisheit, die den Menschen dabei hilft, eben nicht zu Helfern von gegnerischen Mächten zu werden, die sie herausfordern, indem sie sie verführen, Wege einzuschlagen, die nicht der Wahrheit und der Liebe dienen. Der Zweck dieser Prüfung ist es, den Menschen bei der Unterscheidung, zwischen falscher und wahrhaftiger Rede zu helfen, und Handlungen, die sich gegen den Fluss der Lebenszyklen richten, von denen zu unterscheiden, die die Vielfalt und den Reichtum des Lebens fördern – nicht nur bei unseren Mitmenschen, sondern auch in uns selbst.

Dann rannte der Wolf zum Bäcker und beklagte sich darüber, dass er seine Pfote verletzt habe, und verlangte von ihm, etwas Teig daraufzutun. Vom Bäcker eilte er zum Müller und forderte ihn auf, etwas weißes Mehl auf seine Pfote zu streuen. Der Müller ahnte, dass der Wolf jemanden hintergehen wollte, und weigerte sich, ihm das Mehl zu geben. Doch der Wolf drohte ihm, ihn aufzufressen, wenn er sich nicht fügte. Da bekam der Müller Angst und streute das Mehl über die Pfote des Wolfs. So ausgestattet kam er ein drittes Mal an die Tür und sagte mit sanfter Stimme: »Öffnet die Tür, liebe Kinder, eure Mutter ist hier und hat jedem von euch etwas mitgebracht.« Doch die kleinen Geißlein riefen: »Zeig uns zuerst deine Pfote (!), damit wir sehen können, ob du wirklich unsere liebe Mutter bist!« Da legte der Wolf seine weiße Pfote gegen das Fenster in der Tür, und weil die Pfote weiß war, glaubten ihm die kleinen Geißlein und öffneten die Tür. Doch, oh weh, der Wolf kam herein, um sie alle zu verschlingen.

In diesem Teil der Geschichte tauchen zwei menschliche Wesen auf und mit ihnen die Spur menschlicher Komplizenschaft bei den zerstörerischen Taten dunkler Mächte. Der Bäcker fällt auf die Lügen des Wolfs herein, ein Symbol dafür, dass moderne Menschen ihr Gespür für Wahrheit verloren haben. Der Müller erkennt zwar die ruchlosen Absichten des Wolfs, ist aber durch die Drohung des Wolfs, ihn zu töten, eingeschüchtert. Es ist die Angst vor der eigenen Sterblichkeit, verbunden mit der menschlichen Gleichgültigkeit gegenüber der Frage, was falsch und was richtig ist, die es den zerstörerischen Kräften erlaubt, auf eine Ebene der »höheren Potenz« zu springen, und zerstörerisch auf die Welt der Ganzheit einzuwirken. Schauen wir uns an, wie dies genau geschieht.

Die kleinen Geißlein gerieten in Panik und versuchten sich vor dem unersättlichen Hunger des Wolfes zu schützen. Eines sprang unter den Tisch, das zweite versteckte sich unter der Bettdecke, das dritte im Ofen, das vierte in der Küche, das fünfte im Schrank, das sechste kroch unter das Spülbecken und das siebte in die Standuhr. Der Wolf fand sechs von ihnen und verschlang sie alle gnadenlos. Nachdem er seinen Hunger gestillt hatte, legte er sich unter einen schattigen Baum und schlief ein.

Wenn die Ziegenmutter für die Weisheit der Quelle der irdischen Schöpfung steht, dann könnten die kleinen Geißlein für die mannigfachen

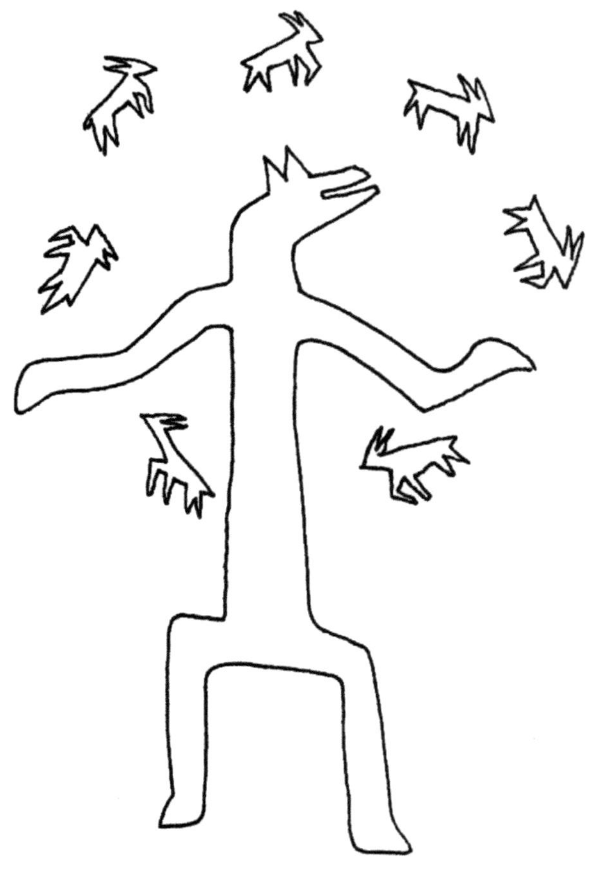

Der Wolf freut sich über den Verlust der menschlichen Feinfühligkeit.

Dimensionen der irdischen Ganzheit stehen. Wir können sie uns als sieben vollkommene Sphären vorstellen, in denen verschiedene Evolutionen, entweder mit der Erde oder dem Universum verbunden, einen idealen Platz gefunden haben, um dort zu leben und sich weiterzuentwickeln. Manche von ihnen sind in einer materiellen Form verkörpert, während andere auf einer subtileren Ebene existieren, die sie für das menschliche Auge unsichtbar macht. In einer dieser Sphären wohnen zum Beispiel die Seelen der Menschheit zwischen zwei Inkarnationen. In einer anderen entwickeln sich die Elementarwesen und wirken von dort in die Natur und die Landschaften hinein. Ein dritter sphärischer Raum ist die Heimat der Elfen, die in der keltischen Überlieferung als »Sidhe« (ausgesprochen »schi«) bezeichnet werden. Die vierte Ebene könnte den verschiedenen Tierseelen einen Raum bieten und so fort bis zur mystischen siebten Ebene. Die Geschichte legt nahe, dass ein solcher multidimensionaler Raum der Erde existiert, der dadurch symbolisiert wird, dass sich jedes der kleinen Geißlein in einem anderen Mikro-Raum des Ziegenhauses versteckt – wobei Letzteres ein kohärentes Ganzes repräsentiert, das wir am treffendsten als das »Universum der Erde« bezeichnen können.

Nicht lange danach kehrte die Ziegenmutter aus dem Wald zurück und fand im Haus alles auf den Kopf gestellt. Die Eingangstür stand weit offen, der Tisch und die Stühle waren durcheinandergeworfen, das Spülbecken lag zerbrochen auf dem Boden, die Bettdecke und die Kissen waren vom Bett gezogen. Sie rief ihre Kinder einzeln beim Namen, eins nach dem anderen, doch bekam keine Antwort. Erst als sie beim siebten Namen angekommen war, rief eine sanfte Stimme: »Mutter, ich bin hier in der Standuhr.« Sie half ihrem Kind heraus und erfuhr, dass der Wolf gekommen sei und all seine Geschwister aufgefressen habe.

Verzweifelt rannte die Mutter um das Haus herum, um nach dem Wolf Ausschau zu halten, bis sie ihn schlafend und laut schnarchend unter einem Baum entdeckte. Vorsichtig näherte sie sich ihm und bemerkte, dass sich in seinem vollen Bauch etwas bewegte und wackelte.

Damit wir in dieser spannenden Geschichte nicht verlorengehen, kehren wir noch einmal zum Anfang zurück. Sowohl im Universum als auch auf der Erde muss die Entscheidung, welchen Weg der Entwicklung man gehen will, immer wieder neu getroffen werden. Die Weisheit von Mutter Erde verwendet das Bild von den sieben kleinen Geißlein, um den Weg zu markieren, der auf der liebenden und fürsorglichen Intelligenz und einem inklusiven Prinzip beruht. Im Gegensatz dazu steht der Wolf für einen strikten Weg der Ordnung, der auf der rationalen Logik und dem Ausschluss von Abweichungen beruht. Mit der Hilfe menschlicher Sorglosigkeit und Ängste – erinnern wir uns an den Bäcker und den Müller – gelingt es den »Wolfskräften« in den multidimensionalen Raum der Erde einzudringen und dessen Ordnung zu zerstören, die auf der Autonomie der einzelnen Evolutionen und dem gemeinsamen Zweck beruht, das Prinzip des Lebens zu immer größerer Vollkommenheit und Schönheit zu entwickeln.

An diesem Punkt der Geschichte scheint es, als hätten die Kräfte der Dunkelheit triumphiert, doch nicht wirklich: Das kleine Geißlein, versteckt in der Standuhr, hat deren Eindringen überlebt. Auf diese Weise versichert uns die Geschichte, dass es kosmische Zyklen gibt, hier repräsentiert durch das rhythmische Ticken des Uhrwerks, die es nicht zulassen, dass Liebe und Freundlichkeit für immer besiegt werden. Wenn der Zyklus einer bestimmten Erfahrung umgedreht wird, öffnet sich die Tür für eine neue Lebenserfahrung.

Und so geschah es. Das kleine Geißlein wurde nach Hause geschickt, um Schere, Nadel und Zwirn zu holen. Als die Ziegenmutter begann, den vollen Bauch des Biests aufzuschneiden, steckte das erste kleine Geißlein seinen Kopf heraus, und bald sprangen alle sechs Geißlein aus dem Bauch des Wolfs heraus, lebend und unverletzt. Wie glücklich waren sie da! Die Mutter schickte ihre Kinder los, um sieben schwere Steine zu finden, um den Bauch der bösen Bestie damit zu füllen, die immer noch tief schlief und schnarchte. Zum Schluss nähte die Ziegenmutter den Bauch wieder zu, ohne dass der Wolf etwas bemerkte, und sich nicht einmal rührte.

Es war diese Szene, die mich dazu bewegte, die Geschichte vom Wolf und den sieben Geißlein in das Buch über Grimms Märchen für Erwachsene aufzunehmen. In den letzten Jahrzehnten fiel mir auf, dass der eindimensionale Raum, den der rationale Verstand kreiert und im menschlichen

Eingebettet in die mineralischen Stoffe der Steine durchlaufen die lebensfeindlichen Kräfte eine Transformation.

Bewusstsein verankert, sich zu öffnen beginnt. Ein neuer Zyklus der Erde und des Universums nimmt seinen Anfang. Gaia, die die Erde erschaffen hat, schneidet mit einer Schere die Rüstung (den Bauch des Wolfs) auf, die den mehrdimensionalen Raum der Existenz eingeschlossen und blockiert hat.

Im Prozess unserer geomantischen Arbeit begannen wir zu verstehen, dass ein vital-energetisches Netzwerk die Landschaft durchzieht und bestimmte Zentren der Lebensenergie beinhaltet. Als nächstes wurden wir uns der sakralen Dimensionen der Erde und ihrer Landschaften bewusst. Die verschiedenen Wesen der unsichtbaren Welten der Erde tauchten aus den Tiefen unserer Empfindsamkeit auf. So beginnt sich eine Gemeinschaft zu formen, in der die unterschiedlichen Evolutionen der Erde und des Universums zusammenkommen ... Aber was geschah mit dem Wolf?

Als der Wolf endlich genug Schlaf bekommen hatte, kam er auf seine vier Beine zu stehen und fühlte ein seltsames Gewicht in seinem Bauch. Die Steine machten ihn durstig, und so eilte er zu einem nahegelegenen Brunnen, um etwas daraus zu trinken. Als er so lief, bewegten sich die Steine in seinem Körper und rumpelten und stießen gegeneinander. Er murmelte: »Ich habe sechs kleine Zicklein verschlungen, und jetzt fühlen sie sich an wie schwere Steine.« Er lehnte sich über den Rand des Brunnens, und das Gewicht der Steine zog ihn hinein. So plumpste er ins Wasser und ertrank.

Die Geschichte malt zwei Phasen der Transformation der gegnerischen Kräfte aus, die versuchen über die Freiheit des Lebens zu triumphieren. In der ersten Phase gelangen sie in die tiefen Mineralschichten (Steine) der Erde. Eingebettet in die mineralischen Stoffe werden diese unglücklichen Kreaturen eine Transformation durchmachen, die möglicherweise Millionen von Jahren andauern wird, bevor sie gereinigt sind. In der zweiten Phase fließt das Gedächtnis ihrer früheren Untaten – jetzt vom Gift gereinigt – in das Gedächtnis des Ozeans im Innern der Erde. Wasser ist der Wächter der Erinnerung und der Weisheit, das schon jetzt versucht, die Menschheit und die Erde vor dem geheimen Eindringen von lebensfeindlichen Kräften und Wesen zu schützen.

Aschenputtel

Anders als die Geschichten, mit denen wir uns bisher befasst haben, richtet sich Aschenputtel auf die aktuellen kosmischen Veränderungen, die im Innern des menschlichen Wesens selbst stattfinden. Das Märchen erzählt von der Spaltung im Innern des menschlichen Wesens zur Zeit der patriarchalen Herrschaft. Das menschliche Wesen – in verschiedene, nicht miteinander verbundene Teile zerbrochen – findet sich an einem Punkt wieder, an dem es seine ursprüngliche Ganzheit vergessen hat.

Die Geschichte beginnt mit dem Tod der Mutter von Aschenputtel und ihrer Trauer über diesen Verlust. Der Tod der geliebten Mutter deutet auf die tragische Situation hin, die für den gegenwärtigen Zustand der menschlichen Entwicklung zum Teil immer noch von Bedeutung ist. Um nach und nach zu einem tieferen und bewussteren Verständnis der Verbundenheit und der Ganzheit vorzudringen, mussten die Menschen zeitweise den Schutz und die Fürsorge, die ihnen Gaia, ihre geliebte planetarische Mutter zukommen ließ, hinter sich lassen. Sie mussten ihre vorherige wunderbare Einheit mit den Lebensströmen der Erde vergessen und sich aus den mütterlichen Armen der Göttin lösen, die sie während der vergangenen Perioden der Evolution umsorgt hat. Erst dann – alleingelassen mit den Herausforderungen des Lebens – können sie hoffen, die Stufe einer spirituellen und mentalen Reife zu erreichen, die für die gegenwärtige Epoche unserer Evolution charakteristisch sein sollte.

Im Fall von Aschenputtel markiert der Tod ihrer Mutter den oben beschriebenen tragischen Bruch in der Evolution der Menschheit, die geschichtlich vor etwa 5000 Jahren am Ende des Neolithikums stattfand. Wir fanden uns in einer männlich geleiteten Zivilisation wieder, die sich durch eine immer tiefergehende innere Spaltung des menschlichen Wesens auszeichnete.

Der unglückliche Bruch nahm seinen Anfang mit des Vaters Entscheidung, sich eine neue Frau zu nehmen. Die neue Frau, Aschenputtels Stiefmutter, bringt nicht nur eine, sondern gleich zwei Töchter mit in die Familie. Im Märchen werden sie mit folgenden Worten beschrieben: »lieblich und schön anzusehen, aber mit bösen und schwarzen Herzen«.

Offensichtlich symbolisieren sie den Schritt weg von der Ganzheit und hin zum Dualismus. Dies drückt sich darin aus, dass zwischen den Qualitäten der menschlichen Existenz unterschieden wird, es kommt zu einer äußerlichen und inneren Spaltung, die sich in einer positiven und negativen Seite manifestiert, und schließlich in dem Schwingen zwischen den materiellen und spirituellen Dimensionen des Seins mündet. Die neu hinzukommenden Töchter stehen für eine polarisierte Einstellung zum Leben, die nach dem Rückzug der Göttin aus den himmlischen Sphären der menschlichen Kulturen zur herrschenden Weltsicht wurde. Die ursprüngliche zyklische Verbindung eines Weltganzen, verkörpert in der Gestalt der neolithischen Göttin, wurde durch eine soziale Ordnung ersetzt, die auf den Prinzipien von Spaltung, Anhäufung von Macht und gegenseitiger Abschottung und Trennung beruht.

In der bildlichen Sprache des Märchens wird das Prinzip der Trennung durch den Familienstatus ausgedrückt, der Aschenputtel von ihren beiden Halbschwestern unterscheidet. Aschenputtel muss »hart arbeiten, vor Tagesanbruch aufstehen, Wasser holen, den Ofen anfeuern, kochen und waschen«. Dagegen können sich die Töchter der Stiefmutter bei jeder Gelegenheit verdrücken, um ihren Verpflichtungen aus dem Weg zu gehen. Trotzdem dürfen sie in dem mit weißen Linnen bezogenen Bett schlafen, während Aschenputtel in der Asche neben dem Ofen schläft.

Eines Tages wollte der Vater zu einem Markt in die nächstgelegene Stadt reiten und fragte seine Stieftöchter, was er ihnen mitbringen solle. »Schöne Kleider«, sagte die eine, »Perlen und Juwelen«, die andere. »Und du Aschenputtel, was soll ich dir mitbringen?« fragte der Vater. »Bring mir den ersten Haselstrauch mit, der auf deinem Heimweg gegen deinen Hut schlägt, lieber Vater«, entgegnete Aschenputtel.

Tatsächlich kaufte er für seine Stieftöchter schöne Kleider und Juwelen. Auf dem Heimweg, als er durch grünes Dickicht ritt, fegte ein Haselstrauch seinen Hut vom Kopf. Er brach ihn ab und brachte ihn zu Aschenputtel.

Die Frage ihres Vaters, was er seinen drei Töchtern als Geschenk aus der Stadt mitbringen soll, enthüllt die tiefe Spaltung, in die der moderne Mensch

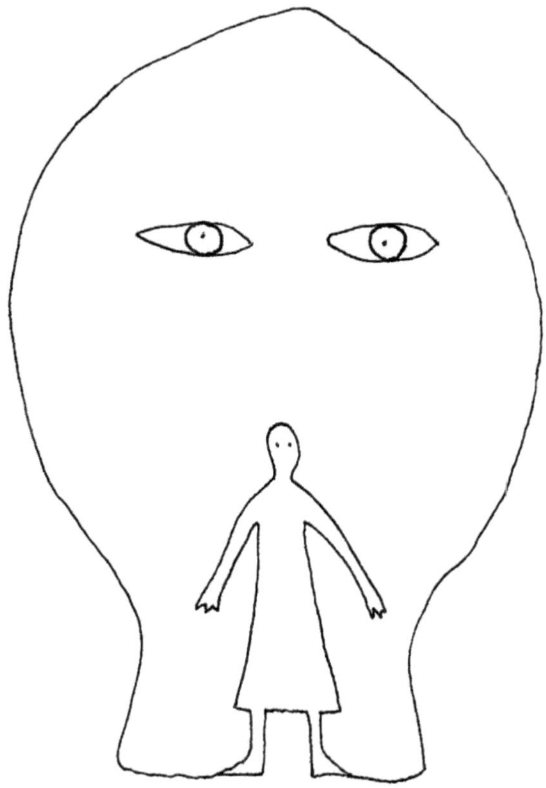

Aschenputtel verliert nie den Kontakt zu ihrer verstorbenen Mutter.

gefallen ist. In Übereinstimmung mit ihren egozentrischen Wünschen verlangt es die Halbschwestern nach schönen Kleidern und Juwelen. Aschenputtel dagegen vertraut der Weisheit der Natur und bittet ihren Vater darum, ihr einen einfachen Haselnusszweig mitzubringen. Es ist kein Zufall, dass sich Aschenputtel für einen Haselstrauch entscheidet. Solche Zweige wurden im Mittelalter als Wünschelrute benutzt, um unterirdische Wasserquellen zu finden. Haselnusszweige wurden auch oft als »Zauberstab« eingesetzt, und Aschenputtel bittet nicht um irgendeinen Haselstrauch, sondern um einen, der sich selbst als einer mit Feen-Eigenschaften zu erkennen gibt, indem er dem Vater den Hut vom Kopf fegt.

Als Belohnung für ihr Vertrauen in die Kräfte der Natur, bekommt Aschenputtel einen Haselnusszweig mit Zauberkräften. Sie pflanzt ihn auf dem Grab ihrer Mutter und wässert ihn mit ihren Tränen. »Und siehe da, der Haselzweig wurzelte und wuchs zu einem schönen Baum heran.« Was immer sie sich unter dem Baum wünscht, wird ihr gewährt. Übersetzt in eine lineare Sprache bedeutet das, dass Aschenputtel den Teil des menschlichen Wesens verkörpert, der ins Unterbewusste verdrängt wurde und auf diese Weise mit den elementaren Zyklen von Geburt, Tod und Wiedergeburt des Lebens verbunden bleibt und so seine Zauberkräfte teilt.

Aschenputtel geht jeden Tag dreimal an das Grab ihrer Mutter und unterhält sich schweigend mit ihr, die nun in der Welt der Ahnen und Nachkommen lebt, in der sogenannten »geistigen Welt«. Als Antwort auf das Vertrauen, das Aschenputtel in ihre Mutter setzt, wohlwissend, dass diese nicht tot ist, sondern ein Leben nach dem Tod hat, kommt jedes Mal, wenn sie ruft, ein weißer Vogel angeflogen und setzt sich auf den Haselstrauch. Der Vogel ist ein Symbol für die in der Welt der Seelen weilenden Mutter, und wenn Aschenputtel einen Wunsch äußert, wirft er ihr hinunter, was immer sie sich wünscht.

Damit wir nicht in den Bildern des Märchens verlorengehen, möchte ich euch meinen Schlüssel für das Verständnis des Märchens von Aschenputtel präsentieren: Alle Charaktere des Märchens stellen die einzelnen Teile des einst ganzen und nun fragmentierten menschlichen Wesens dar.

Der Haselnusszweig hat sich eingepflanzt und ist zu einem Zauberbaum herangewachsen.

Der Vater und die hinübergegangene Mutter symbolisieren zusammen die göttliche Umarmung, in der sich der Zyklus des menschlichen Wesens zwischen dem irdischen Leben und dem Leben nach dem Tod schwingend bewegt. Bezogen auf den zyklischen Weg der Seele repräsentiert der Vater die Phase, in der die Seele unter den Mitmenschen in der verkörperten Welt wohnt, zusammen mit Steinen, Pflanzen, Tieren und den Landschaften der Erde. Die verstorbene Mutter steht für den ergänzenden Teil des Zyklus, der in der ätherischen Welt als Leben nach dem Tod stattfindet. Beide sind am Leben, wenn auch auf unterschiedliche Weise – ein Schicksal, das alle Mitglieder der menschlichen Familie teilen.

Doch unter den Umständen des patriarchalen Zeitalters – von Historikern das »Eisenzeitalter« genannt – wurde die Mutter durch die Stiefmutter ersetzt, ein Symbol für religiöse Konzepte, soziale Normen und psychologische Muster, erfunden durch die Kraft des menschlichen Verstandes, die nach und nach die direkte Beziehung zwischen den Lebewesen und ihre Multidimensionalität ersetzten. Anstatt in der Unmittelbarkeit seiner Verbindung mit der Ganzheit des Lebens zu existieren, unterliegt der moderne Mensch dem Einfluss der »Stiefmutter« und damit verzerrten Wahrnehmungen, hervorgerufen durch künstliche Filter und Masken, die den Horizont einer verengten Realität definieren.

Aschenputtels Halbschwestern verkörpern die Konsequenzen des Prozesses der Selbstentfremdung und symbolisieren den zersplitterten und isolierten Teil der Persönlichkeit, den moderne Menschen das »Ego« nennen. Gerade so, wie die zwei Eindringlinge ihren äußeren Glamour zur Schau stellen, indem sie die Kontrolle über Aschenputtels Haus übernehmen, so versucht das äußere Selbst (Ego) die Kontrolle über die Gedanken und Taten der modernen Menschen zu gewinnen. Das Problem ist, dass das Ego, verwickelt in seine Oberflächlichkeit und Einseitigkeit, den Menschen keine innere Stabilität, Frieden und Erdung geben kann und schon gar nicht eine spirituelle Grundlage für seine Existenz. Deshalb ist es ihnen bestimmt, zwischen Glauben und Zweifel zu schwanken, zwischen Hass und Liebe, Begeisterung für die Spiritualität und der Hingabe an den Materialismus.

Der einzige Aspekt seines Seins, das den Menschen mit mentaler Stabilität, Erdung und einer spirituellen Grundlage versorgen könnte, ist sein wahres, aber heutzutage ignoriertes Selbst. Dieser Aspekt wird »Aschenputtel« genannt, weil diese in dem Märchen kein ordentliches Bett hat, sondern sich in die Asche vor den Ofen legen muss. Die Asche erinnert an das Feuer, das einst für alle deutlich sichtbar im Licht des Bewusstseins brannte. So wie das Schlafen in einem mit weißen Linnen bezogenen Bett auf das menschliche Wesen hinweisen könnte, das im Licht von Bewusstsein badet, so könnte das Schlafen in der Asche gleichgesetzt werden mit dem Verdrängungsprozess in unterbewusste Räume. Demnach repräsentiert Aschenputtel das ursprüngliche menschliche Wesen, das in das Unterbewusstsein gedrängt wurde, und doch – obwohl es nicht gewürdigt, sondern gedemütigt und unterdrückt wird – befeuert es auf geheime Art und Weise den Prozess der menschlichen Befreiung und der Wiederverbindung mit dem Ganzen.

Als nächstes führt die Geschichte ein viertes Element des inneren Raums des menschlichen Wesens ein, das durch das königliche Schloss symbolisiert wird, weit oben über der Landschaft der alltäglichen Wirklichkeit. Es wird repräsentiert durch den Prinzen als ein Symbol für die menschliche Essenz, die jenseits der Zwänge der linearen Raum-Zeit beheimatet ist. Ich setze den Sohn des Königs gleich mit »dem Sohn oder der Tochter der Göttlichkeit«, mit anderen Worten mit der Idee eines allumfassenden oder göttlichen Selbst. Auf dieser Ebene tritt das menschliche Wesen nicht in den Zyklus von Geburt, Leben, Tod und Leben nach dem Tod und Wiedergeburt ein. Das göttliche Wesen ist der Kern der menschlichen Identität, der als Grundlage der einzigartigen Ganzheit eines jeden Individuums in der Ewigkeit wohnt.

Die höchste Ebene des menschlichen Wesens wird in der Geschichte vom König selbst eingeführt, als er ein großes Fest zu Ehren seines Sohns ausruft und dazu all die Schönen des Landes einlädt, damit sein Sohn, der Prinz, die allerschönste Braut finden könnte. Auch die Stieftöchter waren zusammen mit ihrer Mutter zum Fest geladen. Sie riefen nach Aschenputtel und verlangten von ihr: »Kämme unser Haar, bürste unsere Schuhe und befestige unsere glänzenden Schnallen. Wir gehen zum Hochzeitsball ins königliche Schloss!« Aschenputtel gehorcht, doch sie weint bittere Tränen, wäre sie doch auch gerne zu dem Ball gegangen. Sie bettelt ihre Stiefmutter an, ihr zu erlauben mitzugehen, doch diese antwortet nur: »Was willst du nur, Aschenputtel, du bist ganz mit Staub und Schmutz bedeckt, willst du so zum Königsball gehen? Du hast weder Kleider noch Schuhe, um darin zu tanzen!« Als Aschenputtel nicht aufhört, sie darum zu bitten, wirft die Stiefmutter eine Schale mit Erbsen in die Asche und verspricht, sie dürfe mitkommen, sollte es ihr gelingen, alle Erbsen in zwei Stunden aus der Asche zu lesen.

Der Befehl des Königs, für seinen einzigen Sohn die Hochzeit vorzubereiten, kann als eine Vorahnung des schicksalshaften Wendepunkts in der menschlichen Geschichte empfunden werden. Die Form einer Hochzeit verspricht die Möglichkeit, die fragmentierten Teile des menschlichen Wesens wieder zu einem Ganzen zusammenzufügen. In diesem Sinne repräsentiert der Königssohn den Archetyp eines menschlichen Wesens, der den schwierigen Weg der menschlichen Verwirklichung kennt. Er weiß ohne jeden Zweifel, dass die Zeit unserer Trennung von der Ganzheit des Lebens, die unter den Bedingungen der Eisenzeit zustandekam, nun zu Ende geht. Der Prozess der immer tiefer werdenden Isolation der Menschheit ist abgeschlossen, sein Zweck ist erfüllt. Nun kommt eine Zeit des fundamentalen Wandels und damit auch die Notwendigkeit der Reintegration in das Ganze. Der Königssohn ist schon dabei, die verstreuten Elemente der menschlichen Ganzheit in der Umarmung eines gemeinsamen Wesens zusammenzubringen. In der Sprache des Märchens verkündigt er seine Entscheidung zu heiraten und veranstaltet drei große Feste mit dem Ziel, die richtige Braut zu finden.

Aber bevor die »Hochzeit« zwischen den fragmentierten Teilen der menschlichen Ganzheit stattfinden kann, muss erst eine Prüfung der persönlichen Reife für solch ein epochales Unterfangen abgelegt werden. Das Märchen erzählt uns von zwei Prüfungen, die Aschenputtel bestehen muss, bevor sie zu dem großen Ball gehen darf, den der Königssohn plant, um seine wahre Braut zu finden. Um sie zu prüfen, verstreut die Stiefmutter erst Erbsen und dann Linsen in die Asche beim Herd und verlangt von ihr, auch noch das letzte Korn aus der Asche zu lesen. In der Umgangssprache würden wir sagen, dass es bei der Prüfung in der Vorbereitungszeit darum geht zu lernen, die lebenstragenden Keime der Zukunft von den toten Überresten zu trennen. Die Samen symbolisieren Ersteres, die Asche Letzteres. Der Geist des Eisenzeitalters, das von den Hindus Kali Yuga genannt und hier durch die Stiefmutter verkörpert wird, bringt das innere Selbst einer Person mit Absicht durcheinander (durch das Mischen der Samenkörner mit der Asche), um ihren Willen und ihre Kraft herauszufordern, damit sie spirituell fortschreiten und wachsen kann.

Für Aschenputtel ist diese Geduldsprobe nicht schwierig, denn sie hat ihre Einstimmung in die Ganzheit des Lebens nicht verloren. Als Antwort auf ihre Allverbundenheit erscheinen drei Arten von Vögeln zu ihrer Rettung: weiße Tauben, Turteltauben und ein »Schwarm von Vögeln aus der Tiefe des Himmels«. Diese repräsentieren drei unterschiedliche Kräfte, die den Menschen als Söhne und Töchter der Mutter Erde zur Verfügung stehen, aber nur unter der Bedingung, dass wir unsere Beziehung zur Weisheit der Erde und zur Natur beibehalten und wachsen lassen. Die Tauben können als Symbol für die femininen spirituellen Kräfte gedeutet werden, die Turteltauben stehen für die emotionalen Werte der elementaren Welt und die Vögel des Himmels für Intuition.

Obwohl Aschenputtel beide Prüfungen besteht, weigert sich die Stiefmutter, sie zum Ball mitzunehmen. Sie wendet Aschenputtel den Rücken zu und eilt mit ihren zwei Töchtern am Arm davon. Sobald sie gegangen sind, geht Aschenputtel zum Grab ihrer Mutter unter dem Haselnussbaum und ruft: »Schüttle und rüttle dich, kleiner Baum, wirf Gold und Silber über mich!«

Der Baum als Symbol ihrer verstorbenen Mutter antwortet, indem er ein Kleid aus Silber und Gold über sie wirft, und ein paar Schuhe, die mit Gold und Silber verziert sind. Schnell zieht Aschenputtel das Kleid an, zieht die Schuhe über und eilt zu dem Ball. Ihre beiden Stiefschwestern und die Stiefmutter erkennen sie nicht und denken, dass sie zu Hause sitzt und Erbsen und Linsen aus der Asche liest.

Der Prinz bemerkt sie sofort, geht auf sie zu und bittet sie um einen Tanz. Er kann sie nicht loslassen und tanzt mit ihr bis spät in die Nacht.

Der Prinz erkennt in der Tänzerin seine zukünftige Braut,
doch ihre Herkunft bleibt ihm verborgen.

Als sie geht, will er sie begleiten, um herauszufinden, woher sie kommt. Doch sie entkommt und versteckt sich, indem sie in einen Taubenschlag springt. Der Prinz holt eine Axt und spaltet den Taubenschlag entzwei, doch er findet nichts darin. Aschenputtel ist auf geheimnisvolle Weise entschwunden. Als die Stiefmutter und die Mädchen vom Ball zurückkommen, finden sie Aschenputtel schlafend in der Asche neben dem Herd.

Der Prinz erkennt seine wahre Braut auf den ersten Blick, doch die Zeit ist noch nicht reif für eine bleibende Verbindung. Auch der Königssohn muss den Weg zur Wiedervereinigung noch ebnen und die Barrieren beseitigen, die während der Periode der Entfremdung entstanden sind, bevor der Weg in die Umarmung der Ganzheit mündet. Die bildhafte Sprache der Geschichte beschreibt uns das erste Hindernis als einen Taubenschlag, in dem sich Aschenputtel versteckt, um ihre wahre Identität zu verbergen. Der Taubenschlag könnte eine flatternde Sammlung von emotionalen Neigungen repräsentieren, die für die Beziehung einer modernen Person zur Natur und zur Erde charakteristisch sind. Es ist so etwas wie eine übertriebene Liebe für alles, was lebt und schön ist, doch ohne einen tiefen und vielfältigen Blick. Es fehlt der freie Wille, die Natur und die Erde, unabhängig vom menschlichen Verstand, in ihrem ursprünglichen Anderssein zu akzeptieren, zu lieben und wertzuschätzen.

In der nächsten Ballnacht flüchtet sich Aschenputtel unter einen »schönen hohen Baum voll herrlicher Birnen«. Nehmen wir an, dass der Birnbaum die irdischen Lebenskräfte symbolisieren soll, die auf dem evolutionären Weg der Menschheit und des Planeten zu einem Hindernis werden können, wenn sie missverstanden und missbraucht werden. Ein Beispiel dafür ist die falsch gesetzte Ausrichtung unserer Zivilisation auf die materielle Fruchtbarkeit der Erde, die dann den verschiedenen Techniken von Erpressung zum Opfer fällt, wie zum Beispiel die chemische Überdüngung der Felder oder ihre monokulturelle Bepflanzung. Es wird nicht erkannt, dass damit die Gesundheit des irdischen Lebensgewebes auf vital-energetischen, emotionalen und spirituellen Ebenen geschädigt wird. Der Prinz befiehlt, den Birnbaum zu fällen, um die Notwendigkeit anzuzeigen, die einseitige Fixierung auf die Fruchtbarkeit und den materiellen Überfluss mit der begleitenden Verarmung auf anderen Ebenen der Existenz aufzugeben – doch seine Partnerin findet er dort nicht.

Vor dem dritten Ball stellt der Prinz seiner auserwählten, aber immer noch nicht identifizierten Braut eine Falle. Er lässt die Treppe, über die sie jedes Mal geflohen ist, mit Pech bestreichen. Als die Schöne zum dritten Mal seinen Händen entgleitet, um nach Hause zu eilen und ihr Bett neben dem Herd rechtzeitig zu erreichen, verliert sie einen ihrer goldenen Schuhe. Er bleibt im Teer stecken. Das gibt dem Königssohn einen Schlüssel in die Hand, um seine wahre Braut zu finden.

Dies ist der letzte Akt in dem Prozess, die fragmentierten Teile des menschlichen Wesens wieder zu einem Ganzen zusammenzufügen. Inzwischen sind die Hindernisse auf beiden Seiten entfernt worden, und das spirituelle Selbst kann sich nun »tiefer verkörpern», das heißt, es kann sich näher mit dem Partner verbinden, dem elementaren Aspekt des Selbst, das mit dem Leben auf der Erde verbunden ist. Die Geschichte porträtiert die neuen Umstände mit dem Bild des Königssohns, der von den Höhen des Schlosses heruntersteigt und unerwartet vor der Tür der »Erdfamilie« steht, um seine Entscheidung zu verkünden: »Keine soll meine Braut werden außer die, deren Füße in diese goldenen Schuhe passen.«

Als Repräsentantin der dominanten sozialen und kulturellen Normen ist die Stiefmutter davon überzeugt, dass nur eine ihrer beiden Töchter, die für das oberflächliche Ego stehen, für die Rolle der Braut infrage kommt. Sie zieht sich mit ihrer älteren Tochter ins Haus zurück, um mit ihr allein zu sein, und versucht vergeblich, ihr den schicksalhaften Schuh überzuziehen. Aber ihr dicker Zeh passt nicht in den Schuh, sie sind zu schmal für sie. Ihre Mutter rät ihr: »Schneide dir den Zeh ab, wenn du Königin bist, wirst du nicht mehr laufen müssen.« Doch während der Kutschfahrt zum Schloss wird die Täuschung enthüllt, denn Blut quillt aus dem Schuh. Das gleiche Schicksal erleidet ihre Schwester, als sie danach ihr Glück versucht und ihre Hacke abschneiden muss, damit ihr Fuß in den Schuh passt.

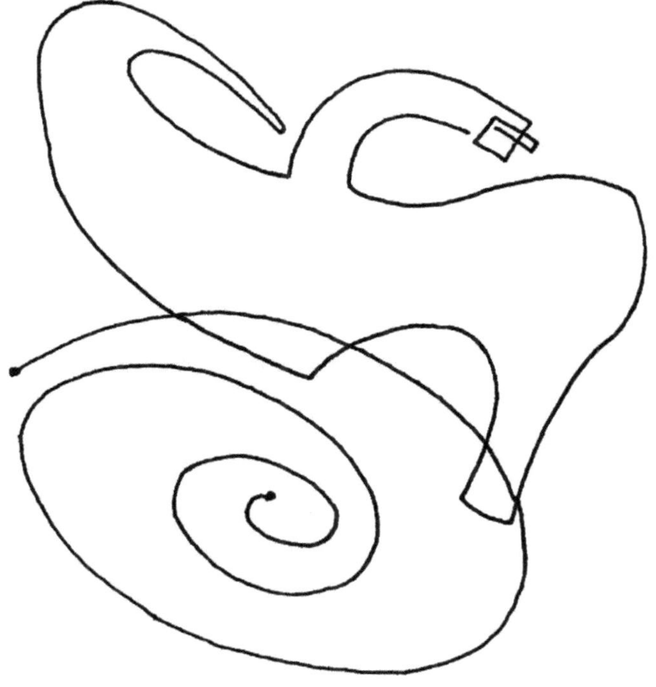

Eine geheimnisvolle Tänzerin hat ihren goldenen Schuh verloren.

Ich assoziiere den Schuh, der mit einer spezifischen Dimension (Schuhgröße) gekennzeichnet ist, die wiederum einer bestimmten Person zugeordnet werden kann, mit dem persönlichen Code der individuellen Person. Der Schuh symbolisiert den Archetyp des menschlichen Wesens, wie er in der Erinnerung der Erde aufbewahrt wird. Als solcher steht er für den archetypischen Rahmen eines bestimmten menschlichen Wesens, der für alle seine Inkarnationen gültig ist. Dieser Archetyp gewährleistet die Einzigartigkeit des individuellen Wesens, das nicht von einer Inkarnation zur nächsten verblassen oder verlorengehen darf. Er hat einen entscheidenden Einfluss auf die Qualität unserer persönlichen Beziehung zu den Lebenssystemen und den Wesen der Erde. Als solcher ergänzt der in der Erinnerung der Erde eingeschriebene Archetyp das menschliche Seelenselbst und stellt den elementaren Pol unserer Identität dar. Dafür ist der goldene Schuh ein geeignetes Symbol.

Nach der bitteren Erkenntnis, dass auch die zweite Tochter nicht die richtige Braut ist, fragt der Prinz den Vater, ob er noch eine dritte Tochter habe. Zögernd gibt er zu, dass es im Haus noch ein Aschenputtel gebe, und setzt sie sofort herab, indem er sagt: » Da ist nur noch ein missgestaltetes kleines Aschenputtel, die Tochter meiner verstorbenen Frau.« Der Prinz besteht darauf, dass sie den Schuh anprobiert, und siehe da, der Schuh schmiegt sich wie ein Handschuh um ihren Fuß! Und so fährt die nun endlich gefundene Braut zusammen mit dem Prinzen in einer Kutsche zum Schloss.

Vergleichen wir die Suche des Prinzen mit den Stufen der menschlichen Evolution. Da wir uns in den letzten Jahrtausenden mehr und mehr von den feinen existenziellen und bewussten Dimensionen der Erde entfremdet haben, verloren wir auch nach und nach den Kontakt mit den Archetypen, die die multidimensionalen Lebensströme auf dem Planeten leiten. Das Resultat ist eine Abschwächung der menschlichen Erdung auf verschiedenen Ebenen des Seins, was dem irdischen Charakter der menschlichen Existenz ganz und gar widerspricht, die darauf angelegt ist, solange wirksam zu bleiben, wie wir uns als Evolution auf der Erde und in Kommunikation mit ihr befinden.

Tatsächlich hat der Aspekt unserer Persönlichkeit, den wir normalerweise das »Ego« nennen, die bewusste Verbindung mit der Ganzheit der Erde verloren. Dieser Teil passt nicht in den goldenen Schuh, wie im Fall der beiden Halbschwestern von Aschenputtel. Selbst der Versuch den Prinzen durch eine vorgetäuschte Erdung hinters Licht zu führen, kann ihnen nicht helfen, genauso wie es der modernen Gesellschaft nicht gelingt, ökologische Probleme durch ihre vermeintliche Erdung im Materialismus zu lösen. Sie erweckt den Anschein, als seien wir tiefer in die irdische Natur eingedrungen als jede andere Kultur vor uns und als beschäftigten wir uns ständig mit der lebendigen Wirklichkeit. Doch tatsächlich befassen wir uns nur mit der Oberfläche der irdischen Existenz, wobei alles, was wirklich essenziell ist, verleugnet wird, wie Aschenputtel im Märchen. Ich beziehe mich hier auf den vitalen Organismus der Erde, ihr elementares Bewusstsein, ihre emotionale Ebene und ihre göttliche Essenz.

Wenn das moderne menschliche Wesen seinen eigenen »Schuh« anprobieren müsste – was nötig wäre, wenn wir den Prozess der Wiederverbindung mit den abgetrennten Teilen des menschlichen Wesens beginnen wollen –, dann würde es tragischerweise offensichtlich, dass die Erde uns nicht länger als einen Teil ihrer Ganzheit betrachtet. Einfach vorne den Zeh oder hinten die Hacke abzuschneiden, wird uns nicht helfen.

Doch die Geschichte von Aschenputtel sollte auf keinen Fall als Drohung aufgefasst werden, in dem Sinne, dass der Prinz als göttlicher Richter kommen wird, um diejenigen, die Mutter Erde treu geblieben sind, von denen zu trennen, die den Kontakt zu ihr verloren haben. Es sollte nicht übersehen werden, dass all die Charaktere der Geschichte Teile eines einzigen menschlichen Wesens darstellen, die sich im Prozess der menschlichen Evolution voneinander entfremdet haben oder sich sogar in Opposition zueinander befinden. Deshalb kann kein Teil von ihnen verflucht oder abgelehnt werden, ohne dass die Person, die den Fluch ausspricht, sich selbst verletzt oder verstümmelt.

Vielmehr zielt die Botschaft von Aschenputtel darauf ab, die Menschen bei ihrer persönlichen Entwicklung auf die Bedeutung ihres eigenen »Aschenputtels« aufmerksam zu machen, die bereits heute gilt, aber vor allem zukunftsorientiert ist. Die einseitige Weltsicht des Eisenzeitalters hat die Beziehung zur »Erde im Innern« – symbolisiert durch Aschenputtel – zunehmend tabuisiert und herabgesetzt. Die elementare Essenz des menschlichen Wesens hatte keine andere Wahl, als im dunklen Bereich des Unterbewussten zu verweilen. Seine Kräfte werden als esoterischer Abfall betrachtet, die in den Abfalleimer des sozialen Unbewussten gehören.

Wenn jedoch die Evolution des menschlichen Wesens in die Phase der Wiedervereinigung seiner eigenen verstreuten Teile kommt, wird es stürmisch zugehen. Die Wiederverbindung des engelhaften und des elementaren menschlichen Wesens in uns selbst kann nur auf der Basis des Archetypen realisiert werden, der verschlüsselt auf der subelementaren Ebene aufbewahrt wird und der seit dem Beginn unserer Verkörperung auf Erden den Schlüssel dazu enthält, unsere Zusammengehörigkeit zu erkennen. Angesichts der Degeneration der Menschheit in Beziehung auf die Archetypen des Seins ist die zukünftige Verschmelzung der verschiedenen Teile unseres Wesen nur möglich, wenn wir rechtzeitig aus dem Schlaf unserer Selbstentfremdung erwachen und unser »Aschenputtel« als den Grundstein für unsere neue Identität wählen.

Als der Prinz Aschenputtel zu ihrer Hochzeit fährt, sitzen die beiden weißen Tauben auf ihren Schultern. Wie es sich für die Tochter der archetypischen Göttin gehört, sitzt die eine Taube auf ihrer rechten und die andere auf ihrer linken Schulter. Auch ihre beiden Halbschwestern begleiten sie auf dem Weg zu ihrer Hochzeit, die ältere geht auf ihrer rechten Seite, die jüngere auf ihrer linken. Die Tauben picken jeder von ihnen ein Auge aus. Als die Prozession von der Hochzeit zurückkommt, gehen die beiden Schwestern auf der anderen Seite, die jüngere auf der rechten und die ältere auf der linken Seite, und jetzt picken die Tauben ihnen auch das andere Auge aus. Sie werden blind, was ich als Symbol für die Abschaffung der einseitigen »blinden« Sicht auf das Leben betrachte.

Aber ich möchte betonen, dass es hier nicht um Rache geht. Der Verlust des linken und des rechten Auges, mit anderen Worten das Blenden, symbolisiert die Transformation eines Aspekts des menschlichen Wesens, der sich vom Ganzen gelöst hat, und den wir das »Ego« nennen. Es arbeitet nun, wie es sich für seine wahre Rolle geziemt, an der Seite des wahren menschlichen Selbst, das sich wie Phönix aus der Asche der Vergessenheit erhoben hat. Aschenputtel hat ihr transformiertes Ego nicht zurückgewiesen, sondern in ihre wieder zusammengefügte Ganzheit eingegliedert.

Rumpelstilzchen

Es war einmal ein Müller, der war arm, aber er hatte eine wunderschöne Tochter. Eines Tages kam ein König vorbei und sprach ihn an. Der Müller, der einen guten Eindruck auf ihn machen wollte, sagte zu ihm: »Ich habe eine Tochter, die aus Stroh Gold spinnen kann.«

»Oho«, meinte bewundernd der König, »Das ist eine Kunst, die mir gefällt! Wenn deine Tochter wirklich so begabt ist, wie du sagst, bringe sie morgen in mein Schloss. Ich werde sie einem Test unterziehen.«

Am nächsten Tag brachte der Müller das Mädchen zum Schloss. Sie wurde in eine Kammer gebracht, die ganz mit Stroh gefüllt war. Der König brachte ein Spinnrad und eine Spindel und sprach: »Mach dich an die Arbeit. Wenn du bis morgen früh das Stroh nicht zu Gold gesponnen hast, wirst du sterben.« Er schloss die Tür und ließ das Mädchen in der Kammer allein zurück.

Die arme Müllerstochter hatte jedoch nicht die geringste Ahnung, wie sie Stroh zu Gold spinnen sollte. Sie wurde immer ängstlicher und verzweifelter und begann schließlich bitterlich zu weinen.

Das erste Kapitel ist eine bewegende Darstellung der Trennung zwischen dem Bestreben der Menschheit und der Realität der Situation, in der sich die Menschheit heute befindet. Auf der einen Seite prahlen die Menschen wie der arme Müller und geben damit an, dass sie den Weltraum mit Raketen erobert und auf dem Mond herumgelaufen sind. Auf der anderen Seite sind wir nicht in der Lage, auf der Erde Frieden zu schaffen, und überlassen einen großen Teil der Menschen dem Hunger und der Armut. Der Vater behauptet, seine Tochter könne Stroh in Gold verwandeln, doch die Tochter hat nicht die geringste Ahnung, wie sie diese Transformation vollbringen könnte, die mittelalterliche Alchemisten »die Verwandlung von Blei in Gold« nannten, und die Wissenschaftler als einen »Quantensprung« von einer Ebene der Existenz auf die nächste bezeichnen.

Gibt es überhaupt die Möglichkeit, eine solche Herausforderung zu meistern? Wohl kaum auf der Ebene unseres normalen Bewusstseins.

Die unglückliche Müllerstochter hat keine Ahnung,
wie sie eine Kammer voller Stroh in Gold verwandeln soll.

Doch plötzlich öffnete sich die Tür, und ein seltsames kleines Männlein kam herein und sprach: »Junge Müllerin warum weinst du so jämmerlich?«

»Ich soll Stroh zu Gold spinnen und weiß nicht, wie das geht«, jammerte das Mädchen.

»Was gibst du mir, wenn ich das für dich übernehme?« fragte das Männlein. »Ich gebe dir meine Halskette«, entgegnete das Mädchen.

Das Männlein nahm die Halskette, setzte sich vor das Spinnrad und »drr, drr drr« und dreimal gezogen und schon war die Spule voll. Dann nahm es die nächste und »drr, drr, drr« und dreimal gezogen und die zweite Spule war auch voll. So ging es bis zum frühen Morgen weiter, bis alles Stroh gesponnen war und alle Spulen mit Gold gefüllt waren.

Bei Morgenaufgang kam der König. Als er all das Gold sah, wurde er gierig und wollte mehr. Am nächsten Abend ließ er die junge Müllerin in eine noch größere mit Stroh gefüllte Kammer bringen und befahl ihr, alles Stroh zu Gold zu spinnen, wenn ihr das Leben etwas wert sei.

Die Geschichte wiederholte sich. Das Mädchen konnte nicht anders und schluchzte bitterlich. Wieder öffnete sich die Tür und das Männlein erschien. Wieder fragte es, was es dafür bekäme, wenn es das Stroh zu Gold spinnen werde. Die arme Müllerstochter hatte nur noch einen Ring am Finger und gab ihm den Ring. Das Männlein nahm den Ring, setzte sich ans Spinnrad und am Morgen hatte er all das Stroh in glitzerndes Gold verwandelt.

An dieser Stelle können wir noch nicht ahnen, wer dieses geheimnisvolle kleine Männlein ist, das diese unheimliche Fähigkeit besitzt, Stroh in Gold zu verwandeln. Da es jedoch auf das Jammern der jungen Frau reagiert und ihr Halsband und ihren Ring annimmt, lässt das die Vermutung zu, dass es für sie nicht vollkommen fremd ist, sondern eine Kraft symbolisiert, die auf geheimnisvolle Weise mit dem Menschsein verbunden ist. Der Ring und das Halsband symbolisieren diese Verbindung, doch liegt sie offensichtlich im Dunkeln, vergessen im menschlichen Unterbewusstsein.

Bemerkenswert ist auch, dass es Stroh ist, das das Männlein in Gold verwandelt, denn Stroh hat eine gelbe, goldglänzende Farbe, ist aber bei weitem nicht so wertvoll wie Gold. Wir können daher annehmen, dass die Beziehung zwischen dem Mädchen und dem Männlein auf eine vollkommen vergessene Begabung hinweist, die, wenn sie aus der Vergessenheit erlöst wird, die Menschen befähigen könnte, »Berge zu versetzen«.

Aber der Fortgang der Geschichte ermahnt uns, dass diese schöpferische Begabung auch verhängnisvoll enden kann, wenn sie im Zusammenhang mit dem Willen zur Macht und der Gier nach Reichtum verbunden ist. Der erste Hinweis darauf ist des Königs Gier nach Gold.

Der König erschien am nächsten Morgen und war begeistert angesichts der Reichtümer, die die schöne Müllerstochter für ihn gesponnen hatte. Er brachte sie in eine noch größere mit Stroh gefüllte Kammer und versprach ihr, sie zur Frau zu nehmen, wenn sie auch dieses Stroh zu Gold spinnen würde. »Was soll's, dass sie nur eine Müllerstochter ist«, sagte er zu sich selbst, »ich könnte in der ganzen Welt keine reichere Frau finden.«

Als die junge Müllerstochter mit dem Stroh allein gelassen dort in der Kammer saß, fing sie fürchterlich an zu weinen, und wieder erschien das Männlein und fragte: »Was gibst du mir, wenn ich auch dieses Mal das Stroh für dich spinne?« »Ich habe nichts mehr, was ich dir geben könnte«, erwiderte das Mädchen. »Dann versprich mir, dass du mir dein erstes Kind gibst, wenn du die Königin bist.« Das unglückliche Mädchen wusste keinen anderen Rat und versprach ihm, wonach es verlangte. Und das Männlein setzte sich ein weiteres Mal vor das Spinnrad und spann alles Stroh zu Gold.

Der König hielt sein Wort und heiratete das Mädchen, und so wurde die schöne Müllerstochter zur Königin. Ein Jahr danach gebar sie ein wunderschönes Kind und dachte längst nicht mehr an das seltsame Männlein. Doch eines Tages erschien es in ihrem Gemach und verlangte, was sie ihm versprochen hatte.

Die Königin war entsetzt und bot dem Männlein allen Reichtum des Königreichs an, wenn er nur das Kind bei ihr lasse. Doch er antwortete: »Nein, etwas Lebendiges ist für mich viel wertvoller als alle Schätze der Welt.« Da begann die Königin laut zu klagen und so herzerweichend zu weinen, dass das Männlein Mitleid mit ihr hatte und sagte: »Ich will dir

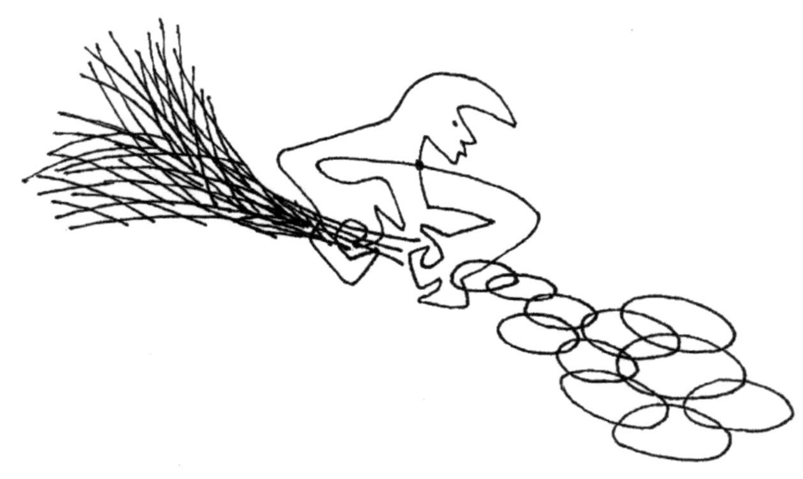

Das Männlein sitzt am Spinnrad und spinnt das Stroh zu Gold.

drei Tage Zeit geben, und wenn du bis dahin meinen Namen weißt, dann darfst du dein Kind behalten.«

Das seltsame Männlein zeigte bereits dreimal Mitleid mit dem unglücklichen Mädchen, deshalb können wir ihm keine diabolische Natur unterstellen, auch wenn es in der Lage ist, Dinge zu tun, die weit jenseits von dem liegen, was gewöhnliche menschliche Kreativität erschaffen kann. Die Frage nach seinem Namen führt uns zu dem Geheimnis seiner Identität und verrät uns seine Stellung im Mosaik des irdischen Universums, dessen Totalität sich aus verschiedenen Aspekten zusammensetzt. Der Name eines bestimmten Wesens bezeichnet seine Essenz und seinen Platz im Gesamtgefüge dieser Totalität, die jenseits der Beschränkungen von Zeit und Raum liegt.

Die Königin verbrachte die ganze Nacht damit, sich all der Namen zu erinnern, die sie je gehört hatte. Dann schickte sie einen Kundschafter übers Land, um herauszufinden, welche anderen Namen nah und fern gebräuchlich und bekannt sind. Als das Männlein am nächsten Tag zurückkehrte, begann sie mit Namen wie Kaspar, Melchior, Balthasar und sagte all die Namen auf, die sie sonst noch kannte, aber nach jedem sagte das Männlein: »Nein, das ist nicht mein Name.«

Am zweiten Tag ließ sie Befragungen in weit entfernten Ländern durchführen, um herauszufinden, welche Namen die Menschen dort tragen. Sie trug dem Männlein die ungewöhnlichsten und seltsamsten Namen vor.

»Vielleicht heißt du Kurzrippe oder Hammelwade oder Schnürbein?« Doch das Männlein antwortete bei jedem Namen: »Nein, so heiße ich nicht.«

Dieser Abschnitt ist besonders bedeutsam für unsere Frage nach der Identität des kleinen Mannes – wenn auch im negativen Sinn. Wir erfahren, dass weder menschliche Namen noch die von Dingen zu ihm passen. Das Männlein gehört nicht der menschlichen Welt an, wie wir sie den äußerlichen Erscheinungen nach kennen, die wir mit unseren fünf Sinnen wahrnehmen. Sein Platz ist nicht unter den Menschen und auch nicht unter den Dingen.

Wo sonst aber könnten wir nach seinem Ursprung suchen?

Am dritten Tag kam der Kundschafter zurück und berichtete: »Ich habe keinen einzigen neuen Namen gefunden, aber als ich mich einem hohen Berg näherte, in einem Winkel des Waldes, wo sich Fuchs und Hase gute Nacht sagen, bemerkte ich ein kleines Haus. Ein Feuer brannte im Hof und ein ziemlich lächerlich wirkendes Männlein sprang auf einem Bein ums Feuer herum und sang:

»Heute back ich, morgen brau ich,
und dann hol ich der Königin ihr Kind,
ach, wie gut, dass niemand weiß,
dass ich Rumpelstilzchen heiß!«

Wenn wir dem Bericht des Kundschafters der Königin sorgfältig lauschen, dann können wir eine Menge über die Heimat und Herkunft des seltsamen kleinen Mannes erfahren. Der Kundschafter erwähnt einen hohen Berg und einen »Winkel in den Wäldern«. Aus dem Blickwinkel der Geomantie als einer Wissenschaft der Multidimensionalität des Raums steht die Beschreibung beider Orte dafür, dass es sich dabei um heilige Plätze handelt. »Auf dem Gipfel des Berges« bedeutet, dass sich der Platz nahe den spirituellen Dimensionen der Existenz befindet. Und der »Winkel in den Wäldern« ist die Beschreibung einer räumlichen Dimension, die jenseits von rationaler Erklärung und sinnlicher Wahrnehmung liegt.

Noch aufschlussreicher ist die Beobachtung, dass sich » dort der Fuchs und der Hase gute Nacht sagen«. Wenn wir davon ausgehen, dass der Fuchs und der Hase natürliche Gegner sind und der Fuchs den Hasen frisst, dann ist klar, dass wir es hier mit einer Dimension zu tun haben, für die die normalen Regeln des Lebens nicht gelten. Es ist eine Raumdimension, die sich durch die Harmonie von Gegensätzen auszeichnet.

Das alles sind Zeichen von Dimensionen der irdischen Schöpfung, die die Überlieferung die »Welt der Feen« nennt. Diese bezieht sich nicht auf die Welt der Elementarwesen wie in dem Märchen vom Froschkönig. Elementarwesen leiten und formen die Lebensströme der Natur, das gilt zwar auch für menschliche Wesen, aber nur so weit sie Teil des Gefüges der Natur sind. Eher ist es wie in der Geschichte von Dornröschen und den dreizehn Parzen, die den Feenwesen ihren angemessenen Platz im

Mosaik der irdischen Geschöpfe zuweist. In der volkstümlichen Überlieferung werden sie als Mittler zwischen der Mutter des Lebens und der Menschen beschrieben. Darüber hinaus wird ihnen nachgesagt, dass sie den Menschen die Kunst des Handwerks und der Heilung vermitteln.

In der Tradition der italienischen Dolomiten werden die Feenwesen »Fanes« genannt, heute wird oft der keltische Name »Sidhe« (ausgesprochen: »schi«) benutzt, eine Bezeichnung, die in der irischen Tradition überliefert und bewahrt wurde.

Am nächsten Morgen erschien wieder das Männlein und fragte: »Nun, Frau Königin, wie ist mein Name?« Die Königin wollte verbergen, dass sie den richtigen Namen bereits kannte und fragte scherzend: »Könntest du vielleicht Konrad heißen? Oder doch Heinrich?« »Nein!« lautete die Antwort. Dann fragte sie mit besonderer Betonung: »Könnte es sein, dass du Rumpelstilzchen heißt?« Das Männlein wurde grün vor Ärger und stampfte so heftig mit seinem linken Fuß auf, dass es im Boden versank.

Wenn wir uns das Märchen von Rumpelstilzchen noch einmal ansehen, dann fällt auf, dass es zwei Ebenen in der Beziehung zwischen der Feenwelt und der Menschheit beschreibt. Die ersten beiden Nächte, in denen das Männlein aus dem Stroh Gold spinnt, stehen für eine Periode in der menschlichen Geschichte, als es noch ein Bewusstsein für die Existenz und Präsenz der Feenwesen gab. Sie wurden respektiert und verehrt und die Leute machten ihnen kleine Geschenke und legten sie an Orten nieder, die sie als Wohnstätten der Feen erkannten. Die Halskette und der Ring, die Rumpelstilzchen von der schönen Müllerstochter geschenkt bekam, stehen symbolisch für diese Zeitepoche, die noch von traditionellen Kulturen geprägt wurde. In Slowenien überlebte diese Kultur bis ins zwanzigste Jahrhundert hinein in dem, was die Menschen als »Alten Glauben« bezeichneten und wertschätzten.

Die Handlung, die sich in der dritten Nacht in der mit Stroh gefüllten Kammer abspielt und schon auf das künftige Kind der Königin Bezug nimmt, bezieht sich auf die Zeitperiode, in der wir heute leben. Menschlicher Intelligenz in ihrer rationalen Ausprägung ist es gelungen, in das menschliche Genom einzugreifen oder – symbolisch gesprochen – in das kleine Haus einzudringen, in dem Rumpelstilzchen lebt und seinen »Namen« preisgibt. Die Entschlüsselung der menschlichen DNA hat in der Wissenschaft und in der Öffentlichkeit den festen Glauben etabliert, dass es zwischen den Menschen und den Parallelwelten der Erde wie die der Feen keinerlei geheime Verbindung geben kann. So versank die kostbare Beziehung der Menschen zu den Feenwelten zusammen mit dem überrumpelten Rumpelstilzchen in den Boden des Unterbewussten.

Hänsel und Gretel

Im Winkel eines riesigen Waldes lebte ein armer Holzfäller mit seiner zweiten Frau und seinen beiden Kindern. Der Junge hieß Hänsel und das Mädchen Gretel. Des Holzfällers Familie hatte sehr wenig zu essen, aber als auch noch eine große Hungersnot übers Land kam, hatten sie nicht einmal mehr ihr tägliches Brot.

Eines Nachts, als der Holzfäller im Bett lag und über seine Probleme nachdachte, seufzte er und sagte zu seiner Frau: »Was soll nur aus uns werden? Wie sollen wir nur unsere Kinder satt bekommen, wenn wir nicht einmal genug für uns selbst haben?«

»Weißt du was«, antwortete seine Frau, »morgen früh nehmen wir die Kinder mit in den dunkelsten Teil des Waldes. Wir machen ein Feuer, geben beiden Kindern ein kleines Stück Brot und dann gehen wir, um Feuerholz zu schlagen, und lassen sie dort zurück. Allein werden sie nicht nach Hause finden, und wir sind sie los.«

»Nein, Weib«, sagte der Ehemann, »das kann ich nicht tun. Ich werde es nicht über mich bringen, meine eigenen Kinder allein im Wald zurückzulassen. Wilde Tiere könnten kommen und sie in Stücke reißen.«

»Ach, du bist ein Dummkopf«, sagte seine Frau, »überlege doch nur, am Ende werden wir alle vier an Hunger sterben. Alles, was wir tun können, ist, die Bretter für unsere eigenen Särge zu hobeln.« Und sie gab keinen Frieden, bis der Vater dem Plan zustimmte.

Die beiden Kinder, die auch vor Hunger nicht schlafen konnten, hörten alles, was die Stiefmutter zum Vater sagte.

Die Geschichte von Hänsel und Gretel, verkleidet in einer märchenhaften Bildersprache, erinnert uns daran, dass die Wege zur Erlangung von Wissen über die Geheimnisse des Lebens, die von menschlichen Gemeinschaften seit Jahrtausenden praktiziert wurden, nicht mehr funktionieren. Ich spreche hier von Wegen der Einweihung (Initiation), das heißt von der direkten Einführung in die Geheimnisse der irdischen Existenz. Zu jener Zeit gingen die Menschen nicht in die Schule, sondern begaben sich an bestimmte Plätze in der Natur, wo sie die notwendigen inneren

Erfahrungen machen konnten. Das half ihnen, auf eine Art und Weise in der verkörperten Welt zu leben, die ihr Leben mit Sinn erfüllte.

Es gibt noch einen anderen Weg, um in die Geheimnisse des menschlichen Seins eingeführt zu werden. Dabei handelt es sich um Pilgerreisen zu bestimmten Plätzen, an denen einzelne Menschen die Lehren von erleuchteten Frauen und Männern im täglichen Gespräch und Umgang aufnehmen können, indem sie vielleicht eine Weile dort leben und ihnen dienen oder einfach mit ihnen eine gemeinsame Zeit verbringen, die voller Bedeutung und Licht ist.

Doch die Tage, in denen wir den Traditionen und den Wegen der Ahnen vertrauen konnten, sind längst vorbei. In der Zwischenzeit wurde die Mutter des Lebens in ihrer Rolle als Fürsorgerin und Ernährerin von der Stiefmutter ersetzt. Während erstere die Umstände schafft und aufrechterhält, unter denen das menschliche Leben auf der Erde sinnvoll und gesegnet erscheint, ist die Stiefmutter unter dem patriarchalischen Deckmantel einer Mutter hauptsächlich um ihr eigenes Überleben und Wohlergehen bemüht. Es gibt keine selbstlose Stammesgemeinschaft mehr, um sicherzustellen, dass niemand in der menschlichen Familie Hunger und Not leidet.

Hänsel sagte zu Gretel: »Mach dir keine Sorgen, ich lasse mir etwas einfallen.« Sobald das Elternpaar eingeschlafen war, schlich er sich nach draußen und sammelte Kiesel, die er in seine Hosentaschen packte. Der Mond half ihm dabei, da die weißen Kieselsteine im Mondlicht wie silberne Münzen leuchteten.

Früh am Morgen, noch vor Sonnenaufgang, kam die Stiefmutter und weckte die beiden Kinder: »Steht auf, ihr Faulpelze, wir gehen in den Wald, um Holz zu suchen.« Sie gab jedem Kind ein Stück Brot und sagte: »Hier habt ihr etwas zu essen, aber esst es nicht sofort, denn mehr bekommt ihr nicht.«

Auf dem Weg in den Wald hielt sich Hänsel am Ende der kleinen Gruppe. Von Zeit zu Zeit sah er sich um und schaute zurück, als ob er sich von seinem Zuhause verabschieden wollte, aber in Wirklichkeit holte er die weißen Kiesel aus der Tasche und ließ sie auf den Weg fallen. In der Mitte des Waldes machten sie eine Rast und ein großes Feuer. »Kinder, ruht euch jetzt am Feuer aus«, sagte die Stiefmutter. »Vater und ich gehen in den Wald, um Holz zu hacken. Wenn wir damit fertig sind, kommen wir zu euch zurück.«

Doch sie kamen nicht zurück. Die Kinder am Feuer fielen in einen tiefen Schlaf, wachten mitten in der Nacht auf und waren ganz auf sich allein gestellt. Gretel fing zu weinen an und fragte: »Wie sollen wir nur aus diesem schwarzen Wald herauskommen?« »Warte ein wenig, bis der Mond aufgeht und uns den Weg zeigt«, tröstete Hänsel sie. Als der Mond hoch am Himmel stand, nahm Hänsel Gretel bei der Hand und führte sie nach Hause, indem er den weißen Kieseln folgte, die wie neu geprägte Münzen glitzerten und ihnen den Weg zeigten. Sie wanderten die ganze Nacht hindurch und erreichten ihre Hütte erst in der Morgendämmerung des nächsten Tages.

Das Leben in der materiellen Welt ist für die menschliche Seele nicht einfach, denn sie ist an die ätherischen Räume gewöhnt, in denen wir zwischen Tod und Wiedergeburt existieren. Wenn sich das menschliche Wesen auf Erden verkörpert – wir thematisierten das schon in dem Kapitel über den Froschkönig –, fühlt es sich erst einmal verloren. Und doch haben wir selbst uns dafür entschieden, uns den Herausforderungen des verkörperten Lebens zu stellen, um innerlich zu wachsen und uns zu entwickeln. Die Geschichte vom Froschkönig tröstet uns, indem sie uns erzählt, dass es Elementarwesen gibt, die uns helfen, mit den Bedingungen der Materie zurechtzukommen.

Die Geschichte von Hänsel und Gretel ermutigt uns auf andere Art und Weise. Sie befasst sich mit der anderen Hälfte der Menschheit, die zur Zeit nicht verkörpert ist, sondern das Leben auf der Erde aus der Sphäre der spirituellen Welt betrachtet. Unbelastet von der relativen Enge der Materie, reicht der Blick der Ahnen und der Nachkommen viel weiter. Sie können mögliche Hindernisse auf dem Weg durch das Dickicht des verkörperten Lebens und die Fehltritte eines menschlichen Wesens vorhersehen. Die weißen Kieselsteine, die wie Silbermünzen glänzen,

*Im Mondlicht glitzern die Kieselsteine wie Silbermünzen
und zeigen den Weg an.*

sind die Manifestation ihrer Führung, die Menschen intuitiv und bis zu einem gewissen Grad auch bewusst wahrnehmen können. Sie begleiten uns sicher durchs Leben.

Einige Wochen vergingen, und das ganze Land war wieder von großem Hunger und Mangel geplagt. Und die Kinder hörten, wie die Stiefmutter abends im Bett zum Vater sprach: »Wir haben fast nichts mehr zu essen, die Kinder müssen gehen. Wir werden sie noch tiefer in den Wald hineinführen, damit sie dieses Mal keinen Weg herausfinden. Sonst kann uns nichts helfen.« Dem Vater war es traurig ums Herz, aber seine Frau wollte nichts von ihm hören. Die Kinder waren wach und hatten das gesamte Gespräch mit angehört. Hänsel stand auf und wollte wieder Kieselsteine sammeln, wie er es schon vorher getan hatte. Doch dieses Mal hatte die gerissene Stiefmutter die Türe abgeschlossen, und Hänsel konnte nicht nach draußen gehen.

Zum Glück bekam jedes der Kinder ein Stück Brot als Wegzehrung, und Hänsel markierte den Weg mit Brotkrumen statt mit Kieselsteinen. Die Geschichte wiederholte sich, und die beiden Kinder wachten mitten in der Nacht im unbekannten Wald auf. Sie warteten auf das Mondlicht, um die Brotkrumen sehen zu können, die sie nach Hause führen sollten.

Als der Mond erschien, standen sie auf, um ihren Heimweg anzutreten, aber sie konnten keine einzige Brotkrume finden. Die Vögel hatten sie aufgepickt. »Wir finden unseren Weg auch so«, tröstete Hänsel seine Schwester. Aber sie fanden ihn nicht. Sie liefen die ganze Nacht und den ganzen nächsten Tag, fanden aber keinen Weg aus dem Wald hinaus. Sie waren schrecklich hungrig und so müde, dass ihre Füße sie nicht länger trugen. Sie legten sich unter einen großen Baum und schliefen hungrig ein.

Die Vögel wollten Hänsel und Gretel nichts Böses, indem sie die Brotkrumen aßen. Sie wollen nur heutige moderne Menschen warnen, dass sie sich nicht länger auf den bisher frei fließenden, geistigen Antrieb aus der Welt der Ahnen und Nachkommen verlassen können. Als Resultat einer ethisch fehlgeleiteten patriarchalischen Zivilisation, die sich an der Macht des Individuums und der Nationen orientiert, hat sich ein

Nebel gegenseitigen Misstrauens ausgebreitet. Im Märchen heißt es, die Stiefmutter habe die Tür verschlossen, damit Hänsel keine Kieselsteine sammeln kann. Ist es vielleicht doch noch möglich, einen ganzheitlichen Weg durchs Leben zu finden, indem wir auf die Hilfe von erleuchteten Menschen, Heilern und Seherinnen vertrauen, den seltenen Individuen, die den Zauber des heiligen Lebens verstehen, und deshalb zu Recht als Zauberer oder weise Frau bezeichnet werden?

Es war nun schon der dritte Morgen, nachdem Hänsel und Gretel ihr Zuhause verlassen hatten. Als sie erwachten, gingen sie gleich wieder los und wanderten immer tiefer in den Wald hinein. Sie spürten, dass sie zusammenbrechen und sterben müssten, wenn nicht bald Hilfe käme. Um Mittag herum entdeckten sie einen schneeweißen Vogel, der auf dem Ast eines Baumes saß und so schön sang, dass sie stehenblieben und lauschten. Als er fertig war, spreizte er seine Flügel und flog von Baum zu Baum vor ihnen her. Sie folgten dem Vogel, bis er sie zu einem seltsamen, kleinen Haus führte und sich auf das Dach setzte. Als sie sich dem Haus näherten, stellten sie zu ihrem Erstaunen fest, dass es aus Brot bestand und mit Walnussknödeln bedeckt war, mit Fenstern aus Zuckerstangen. Sogleich begannen die Kinder, sich an den Köstlichkeiten zu laben. Hans knabberte an einem Stück Brot vom Dach und Gretel begann von den süßen Fensterscheiben zu naschen.

Da erklang eine Stimme aus dem Innern des Häuschens:

»Knusper, Knusper, Mäuschen,
wer knuspert an meinem Häuschen?«

Die Kinder antworteten: »Der Wind, der Wind, das himmlische Kind«, und aßen weiter, ohne sich ablenken zu lassen. Plötzlich öffnete sich die Tür und eine Frau, nach vorne gebückt und so alt wie die Erde selbst, kam aus dem Haus und stützte sich auf einen Stock.

Der alternative Weg zur Wahrheit öffnet sich mit dem schneeweißen Vogel, der vor Gretel und Hänsel als Bote der Weisheit Gaias erscheint, der Mutter des irdischen Universums. Der Vogel hüpft von Baum zu Baum und führt sie zu dem kleinen Haus, wo sie nicht nur etwas zu essen finden, um ihre Mägen zu füllen, sondern auch auf eine alte, weise

Eine Frau, nach vorne gebeugt und so alt wie die Erde, kommt humpelnd aus dem Haus heraus.

Frau treffen. Noch bevor die nach Liebe und Wahrheit suchenden Kinder diese sehen können, findet zuerst ein herzlicher Dialog auf einer telepathischen Ebene ab. Dies ist typisch für eine Begegnung, die auf der Basis der natürlichen Lebenselemente (die Maus knuspert und der Wind weht) stattfindet. Offensichtlich haben wir es hier mit einer Einführung oder Initiation in die Geheimnisse des Seins zu tun, die auf der Grundlage der Weisheit der Erde und ihrer Elementarwesen beruht – im Gegensatz zu der oben beschriebenen Einweihung auf der Grundlage des Kontakts zu den Ahnen und Nachkommen.

»Oh, ihr lieben Kinder, wer hat euch hierhergebracht?« fragte die Frau. »Kommt doch herein und bleibt bei mir. Hier wird euch nichts Böses geschehen.« Sie nahm die Kinder bei der Hand, führte sie in ihr Haus und bereitete ihnen ein köstliches Essen. Sie bezog zwei Betten mit weißen Linnen, und Hänsel und Gretel legten sich hinein und fielen in einen tiefen Schlaf.

Doch das Märchen erzählt weiter, dass die alte Frau nur so freundlich tat, in Wirklichkeit war sie eine böse Hexe, die sich Kinder als ihre Opfer suchte, und das Haus aus Brot diente ihr nur dazu, diese anzulocken. Wenn aber ein Kind in die Falle ging, dann würde sie es töten, kochen und essen.

An diesem unangenehmen Punkt erinnert die Geschichte all diejenigen, die nach der Wahrheit suchen und in Kontakt mit der Essenz des Lebens sind, an einen gefährlichen Zusammenbruch der Zivilisation zur Zeit der Renaissance, als die vorherrschende rationale Weltsicht den Weg für eine ungeheure »Hexenjagd« freimachte. Es begann mit der päpstlichen Enzyklika von 1496, die die Verfolgung der sogenannten »Hexen« einleitete und erst mit der sogenannten Aufklärung am Ende des achtzehnten Jahrhunderts endete. Über eine Periode von über drei Jahrhunderten wurde eine unbekannte, doch ungeheuer große Zahl von weisen Frauen und Männern, Kräuterkundigen, Heilern, Seherinnen und Hebammen von der religiösen und weltlichen Obrigkeit verfolgt, gefoltert und hingerichtet. Sie wurden angeklagt, mit dem Teufel zu verkehren, sein Gesäß zu küssen und Hagel und andere menschliche Plagen zu verursachen. Dieser

Genozid versperrte der modernen Menschheit den Weg zu den unsichtbaren Dimensionen der Wirklichkeit und ebnete den Weg zur absoluten Herrschaft des einseitig rationalen Verstandes.

Früh am Morgen, als die Kinder noch schliefen, packte die alte Frau den Jungen und steckte ihn in einen Käfig. Dann ging sie zu Gretel, schüttelte sie wach und schrie: »Steh auf, du Faulpelz! Hol Wasser und koch etwas Gutes für deinen Bruder. Er ist im Käfig eingesperrt und muss gemästet werden. Und wenn er fett genug ist, werde ich ihn essen.« Gretel begann bitterlich zu weinen, doch es nützte alles nichts, sie musste tun, was die Hexe von ihr verlangte.

Was nun folgt, ist die berüchtigte Szene, die beweisen soll, wie dumm doch weise Frauen, Heiler und Seherinnen in Wirklichkeit sind. Die Hexe verlangt von Hänsel, einen seiner Finger durch die Stäbe des Käfigs zu stecken, um zu fühlen, ob er schon fett genug ist. Statt seines Fingers schiebt Hänsel einen Knochen durch die Gitterstäbe, der vermutlich von einem früheren Opfer der Hexe übriggeblieben ist. Die Hexe kann schlecht sehen und bemerkt die Täuschung nicht. Nach drei Wochen verliert sie schließlich die Geduld und beginnt, das Festmahl vorzubereiten, auch wenn Hänsel immer noch so dünn wie eine Bohnenstange ist. In Übereinstimmung mit der allgemeinen Verordnung, Hexen zu verbrennen, ergreift Gretel den günstigen Moment, als die alte Frau sich in den Ofen beugt, um zu sehen, ob die Glut heiß genug ist, und schubst sie in das Feuer, um sie zu verbrennen wie so viele andere unglückliche Frauen, die in jener Zeit der Hexerei bezichtigt wurden.

Von da ab geht die Geschichte wieder ihren ursprünglichen Gang, so dass wir begründet vermuten können, dass die Episode mit der grausamen Hexe später eingefügt wurde, in einer Zeit, als der Genozid der weisen Frauen begann. Hänsel und Gretel setzten ihre Reise fort, beschenkt mit den Juwelen der Weisheit, die sie von der weisen alten Frau in ihrem kleinen Zauberhaus erhalten hatten.

Nachdem sie drei Tage lang gewandert waren, erreichten sie einen breiten Fluss. »Wir können ihn nicht überqueren«, meinte Hänsel, »ich sehe weder eine Möglichkeit, ihn zu Fuß zu überqueren, noch eine Brücke, die hinüberführt.« Da erblickten sie eine weiße Ente, die auf dem

Wasser schwamm, und baten diese, sie auf die andere Seite des Flusses zu bringen. Und so wie der schneeweiße Vogel ihnen den Weg zu dem Zauberhaus gezeigt hatte, so nahm die weiße Ente sie nun auf ihren Rücken und brachte sie ans andere Ufer des Flusses. Wer nach Wahrheit und Liebe sucht, bekommt immer und immer wieder Hilfe von den Wesen der Natur.

Die Sterntaler

Es war einmal ein kleines Waisenmädchen, dessen Vater und Mutter gestorben waren. Es hatte kein Zuhause, noch nicht einmal einen Schlafplatz. Alles, was es besaß, waren die Kleider an seinem Körper und ein kleines Stück Brot, dass ihm ein gutherziger Mann gegeben hatte. Von allen verlassen, ging es in die Welt hinaus.

Es kam zu einem Feld und traf dort auf einen alten Bettler. Er jammerte: »Ach, gib mir etwas zu essen, ich bin so hungrig.« Daraufhin gab ihm das Mädchen das ganze Stück Brot.

Dann kam ein Kind des Weges, das weinte und sprach: »Mein Kopf ist so kalt, gib mir etwas, um ihn zu bedecken!« Und das Mädchen nahm seine Kappe ab und gab sie dem Kind.

Nach einer Weile traf sie ein anderes Kind, dass keine Jacke hatte. Es beklagte sich, wie kalt ihm sei. Da zog das Waisenmädchen seine Jacke aus und gab sie dem frierenden Kind.

Dann begegnete ihr ein Mädchen ohne Kleider, und es zog sein eigenes Kleid aus und gab es ihm.

Danach kam das Waisenmädchen zu einem Wald, und wieder traf es auf ein Kind, das um ein Hemd bat. »Es ist schon dunkel«, sagte das Waisenmädchen zu sich selbst. »Keiner wird sehen, dass ich nackt bin. Ich kann ihm mein Hemd ruhig geben.«

Aber als es dort mit nichts auf dem Leib im Wald stand, fielen plötzlich Sterne vom Himmel. Doch als sie auf den Boden trafen, stellte sich heraus, dass es Silbermünzen waren. Im nächsten Moment bemerkte das Waisenmädchen, dass es mit einem Hemd aus feinstem Linnen bekleidet war. Es hob das Kleid an und sammelte die Silbermünzen darin. Von da an war das Waisenmädchen sein ganzes Leben lang mit Reichtum gesegnet.

Diese kurze Geschichte beschreibt sehr genau den revolutionären Umbruch, der auf die Menschheit in den Bereichen der Ökonomie und der persönlichen Ethik zukommt. Anstatt auf lineare Beziehungen, die auf dem Austausch von Gütern gegen Geld beruhen, müssen wir uns auf das Prinzip einer zyklischen Ökonomie einstimmen, die wir am besten

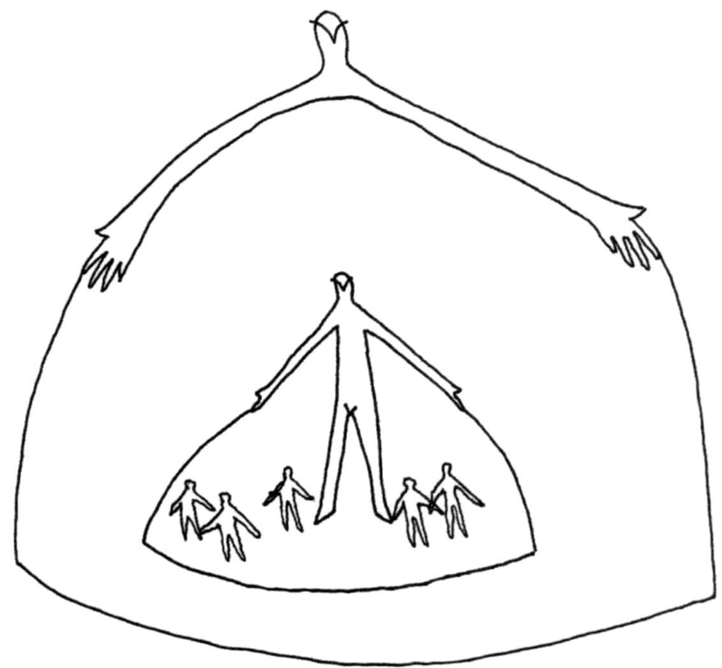

Gute Taten werden immer belohnt.

als »kosmischen Zyklus der Manifestation« bezeichnen. Das Waisenmädchen gab alles weg, was es hatte und worum es gebeten wurde, bis es schließlich nackt dastand. Es erwartete keinerlei Gegenleistung. Doch, was es zurückbekam, war die überfließende Güte und das Mitgefühl, das in einem Schauer von Silbermünzen vom Himmel fiel. Es ist kein Zufall, dass diese Silbermünzen wie Sterne aus dem Weltraum kamen.

Ich schreibe dem Zyklus der Manifestation einen kosmischen oder universellen Wert zu, weil er auf einem viel größeren Maßstab als dem des einfachen Austauschs beruht. Wenn wir etwas verschenken, erwarten wir dafür keine Bezahlung, doch dieses Geschenk ist im Gedächtnis des Universums eingeschrieben. Dort im Herzen des Universums vervielfältigt es sich und stattet die schenkende Person mit dem aus, was sie braucht – auch wenn diese sich ihrer Bedürfnisse nicht rational bewusst ist. Der Kreis ist also nicht geschlossen wie bei einem einfachen Austausch, sondern ist offen für Überraschungen.

Die Bestimmung des menschlichen Wesens ist es, etwas zu erschaffen und das Erschaffene an die Welt weiterzugeben, an die Mitmenschen und an andere Wesenheiten. Und der Zweck der irdischen Existenz als universales Bewusstsein ist es, den Rückfluss zu sichern, um die Weisheit, die Kraft und die ausgeteilte Liebe zu vervielfältigen und sicherzustellen, dass all die, die selbstlos gegeben haben, all das bekommen, was sie für ihr Leben, ihre Kreativität und ihr Glück brauchen.

Der kosmische Zyklus der Manifestation funktioniert nur, wenn er von bestimmten ethischen Werten getragen wird. Die Geschichte von den Sterntalern stellt selbstlose Güte, gepaart mit Mitgefühl, an die Spitze dieser ethischen Werte. Danach folgt das unerschütterliche Vertrauen, das das Waisenmädchen zeigt, indem es bereit ist, auch noch das letzte Kleidungsstück herzugeben und mitten in der Nacht nackt dazustehen, auch wenn seine Nacktheit am nächsten Tag für alle sichtbar sein wird. Doch mitten in der Nacht, noch bevor der Tag anbricht, wird es mit einem Kleid aus feinstem Linnen ausgestattet.

An dritter Stelle setze ich den Wert der Bescheidenheit. Damit meine ich den Verzicht auf übertriebene Wünsche oder den unwiderstehlichen Drang, etwas besitzen zu wollen. Der Zyklus der universellen Manifestation funktioniert nur, wenn wir nicht mehr erwarten, als wir brauchen.

Das könnte vielleicht sogar ein Märchenschloss sein, das aber nur unter der Bedingung gewährt würde, dass wir es genau zu diesem Zeitpunkt benötigen, um den Zweck und die Bestimmung unseres Seins zu erfüllen.

Rapunzel

Es waren einmal eine Frau und ein Mann, die wünschten sich schon lange vergeblich ein Kind. Unerwartet kam die Hoffnung auf, dass ihr Wunsch sich erfüllen könnte. In ihrem Hinterhaus gab es ein kleines Fenster mit Blick auf den prächtigen Garten der Nachbarin, der voll der schönsten Blumen, Kräuter und Gemüse stand. Er war aber von einer hohen Mauer umgeben, und niemand wagte hineinzugehen, weil er einer Zauberfrau gehörte, einer Zauberin mit besonderen Kräften. Sie wurde von aller Welt gefürchtet.

Wir wollen hier hervorheben, dass sich der Wundergarten an der Rückseite des Hauses befindet, auf den wir nur durch ein kleines Fenster schauen können. Wenn wir davon ausgehen, dass dieses Märchen uns ein besonderes Geheimnis des menschlichen Seins enthüllen möchte, können wir annehmen, dass uns die Symbolik des kleinen Fensters mit dem Raum verbinden möchte, der sich hinter dem menschlichen Rücken befindet. Mit unseren Augen können wir nur die verkörperte Welt vor uns sehen, deshalb steht der Raum hinter unserem Rücken symbolisch für die unsichtbaren Dimensionen der Erde, des Universums und der Menschheit. Es ist hier also von der kausalen Welt die Rede, wo Archetypen oder auch Prototypen bewahrt werden, die die Art und Weise bestimmen, wie die alltägliche oder verkörperte Welt sich ausgestaltet und wie sie funktioniert.

Der magische Garten ist ein großartiges Sinnbild dieser kausalen Raumdimension: Die Beete mit verschiedenen Gemüsesorten, Kräutern und Blumen können als einzelne Urmuster oder Matrizen verstanden werden, in denen bestimmte Werte und Kräfte verankert und geordnet werden, die in der nächsten Phase einen entscheidenden Einfluss auf die Beschaffenheit und Bewegung der Welt haben, in der wir leben.

Eines Tages stand die Frau an diesem Fenster und sah in den fremden Garten hinab, da erblickte sie ein Beet, das mit den schönsten Rapunzeln bepflanzt war. Und sie sahen so frisch und grün aus, dass sie ein unwiderstehliches Verlangen verspürte, die Rapunzeln zu essen. Das Verlangen

Der Blick durch das Fenster am Rücken des Körpers

nahm jeden Tag zu, und weil sie wusste, dass sie keine Rapunzeln bekommen konnte, so wurde sie davon ganz ausgezehrt, sie wurde immer blasser und erschöpfter.

Das Verlangen der Frau beim Anblick der grünen Rapunzeln bedeutet, dass sie im kausalen Hintergrund der verkörperten Welt ein Urmuster oder eine Matrix von etwas entdeckt hat, das in ihrer menschlichen Welt noch nicht oder selten existiert. Etwas, was jedes menschliche Wesen erfahren oder verkörpern möchte; daher kommt ihr unwiderstehliches Verlangen, eine Handvoll Rapunzeln zu probieren.

Kann uns die Rapunzel mit ihrem natürlichen Erscheinungsbild, mit ihrer Form und Farbe, etwas über das entdeckte Urmuster erzählen? Die Rapunzel ist eine der wenigen Salatsorten, die frei in der Natur wachsen, und sie ist äußerst schmackhaft. Als ich noch ein kleiner Junge war, kam einmal in der Woche eine dürre alte Frau zu unserem Haus, um meiner Mutter ein Schälchen Rapunzeln zu verkaufen, die sie auf den Feldern gesammelt hatte.

Die Rapunzel hat die Form einer Rosette mit Blättern, die um einen Kern tanzen. Sie ähnelt damit den Darstellungen der Chakren, den aus der indischen Yogatradition bekannten vitalenergetischen Zentren des menschlichen Körpers. Mit der saftig grünen Farbe kann sie nichts anderes symbolisieren als das Herzzentrum, das normalerweise als grün wahrgenommen wird.

Da erschrak ihr Mann und fragte: »Was fehlt dir, liebe Frau?« »Ach«, antwortete sie, »wenn ich keine Rapunzeln aus dem Garten hinter unserem Haus zu essen bekomme, so sterbe ich.«

Die für uns wichtige Botschaft der ersten Phase des Märchens besagt, dass die Liebe schon vor ihrem Erscheinen im manifesten Leben als Urkraft auf der kausalen (urbildlichen) Ebene des Universums schwingt. Die Liebe ist zunächst eine kosmische Matrix, die der menschliche Wille nicht einfach inszenieren kann. Die Liebe wird uns zuteil durch einen vom menschlichen Verstand nicht zu kontrollierenden Vorgang, der der Inspiration des künstlerischen Schaffens gleichkommt.

Wer sich schon einmal unsterblich in eine Frau oder einen Mann verliebt hat, der oder die weiß, dass die Liebe uns trifft wie der Pfeil des Eros, ohne dass wir uns davor schützen könnten. An dem unstillbaren Verlangen der Frau nach der Rapunzel können wir erkennen, dass sie eher sterben würde, als auf die Möglichkeit der Verwirklichung der Liebesinspiration in ihrem Leben zu verzichten.

Da der Mann fürchtet, seine Frau könnte sterben, entscheidet er sich, in der Nacht über den hohen Zaun zu steigen und ihr eine Handvoll Rapunzeln zu bringen. Aber nachdem diese von der Urkraft der Liebe gekostet hat, wird ihr Verlangen nach der süßen Schwingung um so stärker, und der Mann muss in der nächsten Nacht nochmals über den Zaun steigen. Doch dieses Mal wird er von der Zauberin ertappt, die die kausale Ebene der Lebensprozesse hütet.

Zuallererst sollten wir die Zauberin, die in manchen Versionen des Märchens auch als Hexe bezeichnet wird, von dem Fluch befreien, der dieser Benennung anhaftet. Denn im Grunde leitet sich das Wort Zauberin von Wörtern ab wie Zauber, zauberhaft oder Verzauberung, die an sich gar keine negative Konnotation enthalten. Sie bezeichnen nicht nur die menschliche Kreativität, sondern bringen auch die Aktivität anderer Wesen zum Ausdruck, die über logisch wahrnehmbare und erklärbare Handlungen hinausreicht.

In diesem Sinne kann die Zauberin aus dem Zaubergarten als Hüterin der kausalen Welt und ihrer Archetypen und Kräfte verstanden werden. Wenn Menschen auf der Suche nach wissenschaftlicher Erkenntnis grenzenlos in die Kausalwelten eindringen dürften, könnten sie durch unverantwortliches und unbewusstes Handeln die verkörperte Welt und ihre Wesen entstellen. Leider werden diese Grenzen bereits durch die Manipulation menschlicher DNA, durch die missbräuchliche Nutzung der Atomkraft, der genetischen Manipulation von Pflanzen und dergleichen überschritten und verletzt.

In der Zauberfrau erkenne ich Gaia, die Schöpferin und Bewahrerin des Erduniversums, die sich als weise Lehrerin der Menschheit offenbart und den Weg zur Kraft des Herzens kennt. Im weiteren Verlauf der Geschichte führt sie die Menschen auf dem Weg der menschlichen Erkenntnis von einer Station zur nächsten, um ihnen ihre eigenen Herzenskräfte und Herzensqualitäten zu enthüllen.

Die Zauberin gestattet dem Mann, so viel von den Rapunzeln mitzunehmen, wie er möchte, doch nur unter der Bedingung, dass er ihr das Kind bringt, das seine Frau zur Welt bringen wird. Aus Angst vor der Zauberin gibt der Mann sein Versprechen. Bald darauf gebiert seine Frau ein Mädchen. Gleich nach der Geburt erscheint die Zauberin, gibt dem Kind den Namen Rapunzel und nimmt es mit sich fort.

Rapunzel wurde das schönste Kind unter der Sonne. Als es zwölf Jahre alt war, schloss es die Zauberin in einen Turm ein, der weder Treppe noch Tür hatte und in einem fernen Wald lag. Nur ganz oben befand sich ein kleines Fensterchen. Wenn die Zauberin in den Turm hineinwollte, stellte sie sich unten hin und rief: »Rapunzel, Rapunzel, lass mir dein Haar herunter.«

Rapunzel hatte lange prächtige Haare, fein wie gesponnenes Gold. Wenn sie die Stimme der Zauberin vernahm, band sie ihre Zöpfe los, wickelte sie oben um einen Fensterhaken, und dann fielen die Haare zwanzig Ellen tief herunter, und die Zauberin stieg daran hinauf.

Wie bereits angedeutet, macht uns das Märchen von Rapunzel mit den verschiedenen Aspekten der menschlichen Beziehung zur Kraft der Liebe und ihren allumfassenden Werten vertraut. In der ersten Phase wird die Liebe als eine Inspiration der kausalen Ebene des Kosmos erfahren.

Im einsamen Turm sind wir bereits an der zweiten Station auf dem Weg der Menschen zu den Geheimnissen ihres eigenen Herzsystems angelangt. Rapunzel erfährt die Geheimnisse des Herzens nicht von ihrer Mutter – also nicht in der Sphäre der menschlichen Familie –, sondern bei der zaubernden Gaia. Der einsame Turm mitten im Wald bezeichnet eine Station auf dem Weg zum Herzen, wo die Erde, personifiziert durch Gaia und ihr elementares Bewusstsein, selbst als Lehrerin der Liebesgesetze auftritt. Die Schule des Herzens befindet sich jetzt auf dem elementaren Niveau der natürlichen Umgebung und wird symbolisch verbunden mit dem goldenen Zopf, der für mich die menschliche Wirbelsäule repräsentiert, entlang derer die Lebens- und Liebeskräfte fließen. Jedes Mal, wenn die Zauberin entlang des goldenen Zopfes zum Fenster des Herzens hinaufklettert, wird damit symbolisch kommuniziert, dass die elementare Liebe aus der Schatzkammer des Erdherzens über unser Rückgrat zum menschlichen Herzen aufsteigt, und von dort aus unsere Liebe zur ganzen Daseinswelt inspiriert.

Leider hat der moderne Mensch die Beziehung zur Liebe und Weisheit der elementaren Dimensionen der Erde fast vollständig vergessen. Deshalb ist die Kraft der menschlichen Liebe nicht stark genug, um den Egoismus und die Selbstbezogenheit sowohl in säkularer als auch in spiritueller Hinsicht zu überwinden. Liebe fließt zwar im engen Kreis der eigenen Familie oder der religiösen oder ethnischen Gemeinschaft, doch alle anderen Mitmenschen oder Wesen anderer Spezies, die diesen Kriterien nicht entsprechen, erhalten keine Liebe, sondern eher das Gegenteil in Form von Feindseligkeit oder sogar Hass.

Die Urkraft der Liebe existiert zwar im Menschen, wird aber zuallererst als ein innerer Prozess erlebt.

Nach ein paar Jahren trug es sich zu, dass der Sohn des Königs durch den Wald ritt und den ihm unbekannten Turm bemerkte. Da hörte er aus dem einzigen Fensterchen einen Gesang, der war so lieblich, dass er innehielt und horchte. Das war Rapunzel, die sich in ihrer Einsamkeit die Zeit mit Singen vertrieb. Der Königssohn wollte zu ihr hinaufsteigen und suchte nach einer Tür, aber es war keine zu finden. Er ritt heim, doch der Gesang hatte ihm so sehr das Herz gerührt, dass er jeden Tag hinaus in den Wald ging und zuhörte.

Als der Prinz einmal so hinter einem Baum stand, sah er, dass eine Zauberin herankam, und hörte, wie sie hinaufrief: »Rapunzel, Rapunzel, lass dein Haar herunter!« Da erkannte er das Geheimnis, wie es möglich sein konnte, zu der Sängerin im Turm hinaufzusteigen. Er wiederholte den Ruf der Zauberin, und im nächsten Moment fielen die Zöpfe, und der Königssohn stieg hinauf.

Anfangs erschrak Rapunzel gewaltig, aber letztendlich haben sie Freundschaft geschlossen und sogar entschieden zu heiraten. Sie verabredeten, dass er jeden Abend zu ihr kommen und jedes Mal einen Strang

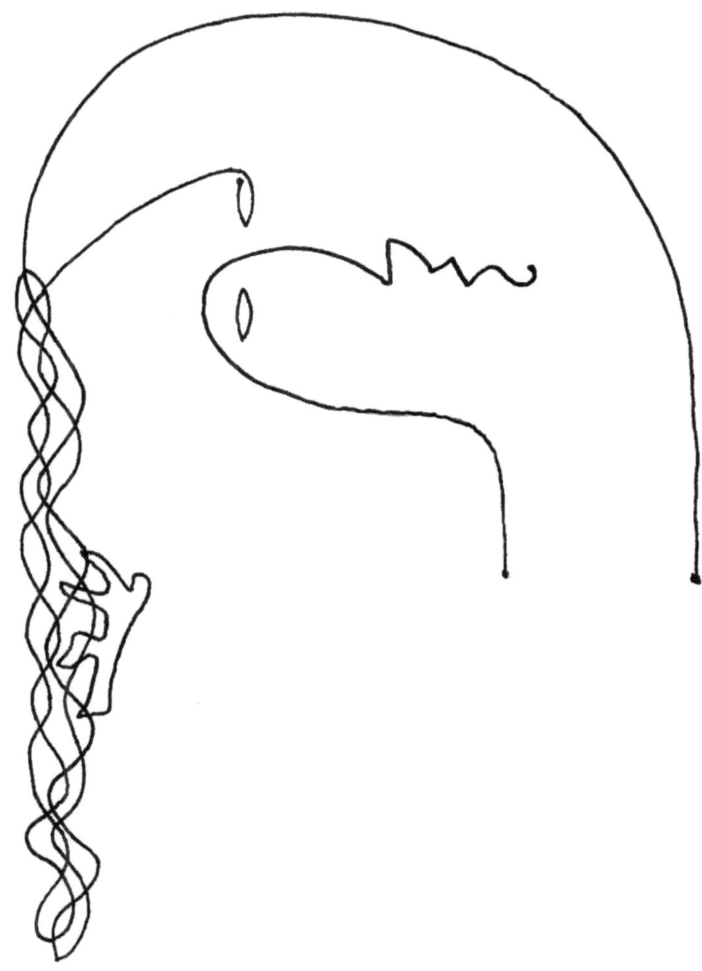

Entlang ihres Zopfes klettert der Königsohn in Rapunzels einsame Kammer.

Seide mitbringen sollte, damit Rapunzel daraus eine Leiter flechten und endlich selbst vom Turm auf den festen Boden heruntersteigen könnte.

Es soll darauf hingewiesen werden, dass ein König, ein Prinz oder eine Königin in Grimms Märchen üblicherweise die Dimensionen repräsentieren, die als »kosmisch« bezeichnet werden können. Damit meine ich nicht, dass sie unbedingt aus dem Weltraum stammen müssten, sondern ich denke dabei an Dimensionen, die über jede menschliche Wahrnehmungsfähigkeit hinausgehen: Sie sind allumfassend. Bei der Begegnung zwischen Rapunzel als Adoptivtochter von Gaia und dem Prinzen geht es um eine Begegnung und Verbindung zwischen der elementaren Kraft der Liebe und der Liebe als einer kosmischen Kraft, die von Ewigkeit zu Ewigkeit durch die ganze Schöpfung fließt.

Auf dieser Ebene der Erkenntnis der wahren Werte des Herzens beginnt sich die elementare Kraft der Liebe im Menschen mit der engelhaften Dimension des Herzens zu verbinden, die in der Lage ist, das universelle Ganze in harmonischer Bewegung und Kreativität zu halten. In der Geschichte von Rapunzel erleben sich Frau und Mann als repräsentativ für die beiden Quellen der Liebe und planen als gleichberechtigte Partner den gemeinsamen Abstieg zur Erde.

Die Verkörperung ihrer bereits verbundenen Beziehung, das Zusammenleben auf der verkörperten Ebene der Wirklichkeit, steht allerdings noch aus, deshalb ihr Plan für eine seidene Leiter.

Vorerst ist ihre Beziehung noch geheim, was bedeutet, dass sie als innerer Prozess stattfindet. Rapunzel ist schwanger, aber wie kann sie das von ihr erwartete Kind in einem Turm bekommen, zu dem es keine Tür gibt, und ohne die helfenden Hände, die eine Mutterschaft erfordert?

So lebten sie lustig und in Freuden eine geraume Zeit. Die Zauberin kam nicht dahinter, bis eines Tages das Rapunzel anfing und zu ihr sagte:

»Sag sie mir doch, liebe Frau, meine Kleidchen werden mir so eng und wollen nicht mehr passen.«

»Ach du gottloses Kind«, sprach die Zauberin, »was muss ich von dir hören!«

In ihrem Zorn packte die Zauberin die schönen Haare von Rapunzel, schlug sie ein-, zweimal um ihre linke Hand, griff eine Schere mit der rechten, und ritsch, ratsch, waren sie abgeschnitten und die schönen Flechten lagen auf der Erde. Und sie war so unbarmherzig, dass sie die arme Rapunzel in eine einsame Hütte mitten im Wald brachte, wo sie in großem Jammer und Elend leben musste.

Denselben Tag aber, da sie Rapunzel verstoßen hatte, machte die Zauberin die abgeschnittenen Flechten oben am Fensterhaken fest, und als der Königssohn abends kam und rief: »Rapunzel, Rapunzel, lass dein Haar herunter«, ließ sie die Haare hinab.

Der Königssohn stieg hinauf, aber er fand oben nicht seine liebste Rapunzel, sondern die Zauberin, die ihn mit einem so giftigen Blick ansah, dass er sich in seiner Verzweiflung vom Turm in die Tiefe warf. Die Dornen, in die er fiel, zerstachen ihm die Augen. Da irrte er blind im Wald umher, aß nichts als Wurzeln und Beeren, und tat nichts als jammern und weinen über den Verlust seiner liebsten Frau.

Es scheint so, als ob die beiden Opfer einer bösen und unbarmherzigen Zauberin geworden seien. In Wirklichkeit aber stehen sie vor einem oft schmerzhaften Wandlungsprozess, den ein menschliches Wesen als Mitglied einer Kultur, die Liebe meistens nur oberflächlich kennt, durchstehen muss, wenn es den wahren Wert und die Kraft der Liebe im Alltag verkörpern will. Dies ist jedoch keine leichte Aufgabe, denn es geht um den Wert der Liebe in all ihrer Größe und Tiefe. Rapunzel und der Königssohn verbanden sich in solch einer Liebe, als sie sich im einsamen Turm hoch über dem Boden des Alltags trafen. Dieselbe Kraft und Schönheit der Liebe auf den Boden zu bringen und sie praktisch von einem Moment zum nächsten zu leben ist jedoch eine Herausforderung, die nicht leicht zu bewältigen ist.

Dieser Teil des Märchens erinnert an die biblische Vertreibung aus dem Paradies. Früher sorgte die Erde in Gestalt der Zauberin dafür, dass der Mensch alles erhielt, was er zum Überleben und zum Erhalt seiner Gemeinschaft brauchte. Jetzt muss die Frau in der Einsamkeit hart arbeiten, um ihre Zwillingskinder zu ernähren, die sie inzwischen geboren hat.

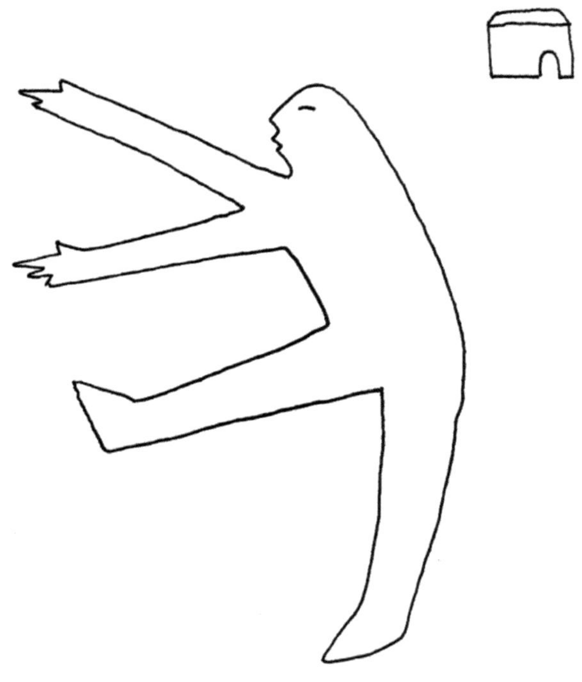

Der Königssohn irrt blind durch den tiefen Wald
und findet sein Zuhause nicht.

Der männliche Aspekt des aus dem Paradies vertriebenen Menschen wurde in Folge seiner rationalen Lebensauffassung blind gegenüber den Gefühlen des Herzens und repräsentiert einen seelischen Zustand, der in Grimms Märchen oft als der Fluch unserer Zeitepoche behandelt wird. Im Märchen »Rapunzel« verliert der Prinzensohn die Erinnerung an seine wahre Herkunft und an die Bedeutung seines Daseins in der Sphäre der Erde.

Nachdem er jahrelang umhergewandert ist, kommt der Königssohn eines Tages endlich in die Nähe des einsamen Häuschens, wo Rapunzel mit den Zwillingen lebt, die sie geboren hat, einem Knaben und einem Mädchen. Der Königssohn vernimmt eine Stimme, und sie scheint ihm so vertraut, dass er auf sie zugeht. Rapunzel erkennt ihn und fällt ihm weinend um den Hals. Zwei ihrer Tränen benetzen seine Augen, da werden sie wieder klar, und er kann sehen wie vorher. Er führt seine Familie heim in sein Reich, wo sie mit Freude empfangen werden, und sie lebten noch lange glücklich und vergnügt.

Der Abschluss des Märchens scheint mit einem »Happy End« abgerundet zu sein, was aber nicht stimmt. Es gibt da zwei wichtige Momente, auf die ich aufmerksam machen möchte.

Zum einen geht es um die Stimme, die dem herumirrenden Mann hilft, die Richtung zur geliebten Frau und zu seinem wahren Zuhause zu finden. Es ist die Stimme der ursprünglichen Liebe, die in unseren Herzen erklingt und der wir lauschen sollten, um in jedem Augenblick die sinnvolle Richtung im Leben finden zu können.

Zum zweiten denke ich an die zwei Tränen von Rapunzel, die auf die blinden Augen des Mannes fallen und ihm die Sehkraft zurückgeben. Hier wird die heilende und schöpferische Kraft des Elements Wasser angesprochen, wenn Wasser mit den Qualitäten der Barmherzigkeit, der Liebe und der Freude durchdrungen ist. Wasser wird hier als ein Medium geehrt, durch das Liebe ermöglicht wird und mit dessen Hilfe wir im alltäglichen Leben schöpferisch tätig werden können, und zwar jenseits dessen, was der menschliche Verstand für möglich hält.

Der Teufel mit den drei goldenen Haaren

Es war einmal eine arme Frau, der ein Baby geboren wurde. Der kleine Junge hatte eine magische Glückshaube, die als ein Zeichen für Glück angesehen wird, und ihm wurde prophezeit, dass er in seinem vierzehnten Lebensjahr die Königstochter heiraten werde. Kurz darauf kam der als Bettler verkleidete König in das Dorf und fragte, was es Neues zu berichten gebe. Die Dörfler erzählten ihm von dem neugeborenen glücklichen Jungen, dem es bestimmt sei, in seinem vierzehnten Jahr die Königstochter zu heiraten. Der König hatte ein schlechtes Herz und fragte die Eltern, ob sie ihm das Kind überlassen würden, er wolle gut auf den Knaben aufpassen. Erst lehnten sie ab, aber als er ihnen einen Sack voll Gold anbot, stimmten sie zu, weil sie dachten, einem Glückskind könne nichts Böses zustoßen.

Der König legte das Kind in einen Korb, ritt damit zu einem breiten Fluss und warf das Körbchen ins Wasser, während er bei sich dachte: »So habe ich meine Tochter vor einem unerwünschten Freier bewahrt.« Doch der Korb ging nicht unter, sondern trieb zwei Meilen stromabwärts und kam an einem Mühlendamm zum Halt. Der Müllerbursche entdeckte ihn und zog ihn an Land, da er meinte, einen großen Schatz entdeckt zu haben. Als er sah, dass er ein Baby gerettet hatte, brachte er es zum Müller. Und da der Müller und seine Frau keine eigenen Kinder hatten, nahmen sie es als ihr Kind an, und aus dem Kind wurde ein schöner und starker Junge.

Es begab sich, dass der König einmal während eines Sturms in der Mühle Schutz suchte. Und als er den strammen Burschen sah, fragte er den Müller und seine Frau, ob es ihr Sohn sei. »Nein«, erwiderten die beiden, »er wurde vor vierzehn Jahren in einem Korb an den Mühlendamm gespült.« Da erkannte der König, dass er das Glückskind vor sich hatte, das er selbst in den Fluss geworfen hatte. Er fragte, ob der Junge einen Brief zur Königin bringen könne, und bot ihnen dafür zwei Goldstücke an. »Wie Ihr es befehlt«, antworteten die Pflegeeltern einstimmig. In dem Brief stand zu lesen: »Sobald der Junge mit diesem Brief ankommt, lasst ihn sofort töten und beerdigen, all das soll geschehen, bevor ich zurückkomme.«

Aber der Junge verirrte sich und kam in einen finsteren Wald. Es war schon fast dunkel, als er in der Ferne ein kleines Licht entdeckte. Er eilte dorthin und fand eine alte Frau vor, die allein am Feuer saß. Sie teilte ihm mit, dass er sich in dem Haus von Dieben befinde, und warnte ihn, doch der junge Mann hatte keine Angst. Todmüde legte er sich auf eine Bank und schlief sofort ein. Als die Räuber nach Hause kamen, lasen sie den Brief und zerrissen ihn, denn sie hatten Mitleid mit dem Jungen. Ihr Anführer, der erstaunlicherweise nicht nur lesen, sondern auch schreiben konnte, schrieb einen neuen Brief, in dem stand, dass der Junge, der den Brief überbringe, sofort die Königstochter heiraten solle. Als der junge Mann der Königin den Brief überbrachte, erfüllte sie den vermeintlichen Wunsch ihres Mannes, und auch die Königstochter hatte keine Einwände, denn der junge Mann war gutaussehend und von aufrechtem Gemüt.

Nach einiger Zeit kehrte der König an seinen Hof zurück und musste erstaunt feststellen, dass sich die Prophezeiung erfüllt hatte. Er fragte, wie das passieren konnte, und meinte schließlich verärgert zu dem Bräutigam: »Die Tochter eines Königs kann man nicht so leicht zur Frau nehmen. Wenn du sie behalten willst, musst du mir die drei goldenen Haare vom Haupt des Teufels bringen.« Der junge Mann fürchtete sich nicht vor dem Teufel und machte sich sofort auf den Weg.

Der erste Teil der Geschichte erzählt uns, dass sich das menschliche Leben in der verkörperten Welt entlang zweier Lebensfäden entfaltet. Bis jetzt haben wir uns den führenden Lebensfaden angesehen, der nach dem Plan der menschlichen Seele – oder des beseelten menschlichen Wesens – entworfen wurde, als die Seele sich noch im jenseitigen Leben der Vorfahren und Nachkommen aufhielt und eine bestimmte Inkarnation vorbereitete. Die Seele schreibt diesen Plan in ihr mentales Gedächtnis ein und versucht ihn so unversehrt wie möglich durch die Pforte der Geburt zu tragen. In dem Märchen erscheint dieser Lebensentwurf in der Form einer Glückshaube (Zauberhaut), mit der der Knabe bei der Geburt bedeckt war.

Dieser Lebensentwurf, der mit der Hilfe spiritueller Meister und Ahnen erstellt wurde, hat eine eigene innere Kraft. Es kann aber auch Mächte geben, die gegen die Erfüllung des für die Menschheit bestimmten Plans arbeiten – wie der heimtückische König in unserer Geschichte –, doch es ist wichtig, die Hoffnung nicht aufzugeben und weiter daran zu glauben. Das Leben und seine Kräfte werden einen Weg finden, der die Hindernisse umgeht und letztlich den göttlichen Plan der gegebenen Verkörperung verwirklicht, den wir in uns tragen und der in den tiefen Schichten unserer Erinnerung eingeschrieben ist.

Der letzte Abschnitt der Geschichte stellt jedoch klar, dass sich der Plan für eine gegebene Verkörperung nicht von selbst ergibt, sondern auch persönlichen Einsatz erfordert. Um unsere eigene unabhängige Kreativität zu entwickeln, konfrontiert uns das Leben mit Herausforderungen, die wir uns in der Stille der spirituellen Welt nicht vorstellen konnten, als wir den Plan für unsere Verkörperung entwarfen. Des Müllers Sohn wurde tatsächlich, wie prophezeit, mit der Königstochter verheiratet, doch der König wollte diese Verbindung nicht anerkennen, ohne dass der Bräutigam einen gefährlichen Test besteht und die unbekannten Schwierigkeiten, die damit verbunden sind, auf sich nimmt. Er soll zuerst drei goldene Haare aus dem Kopf des Teufels herausziehen.

Auf seinem Weg zur Hölle kam der hoffnungsvolle Bräutigam durch eine Stadt, wo ihn der Wachmann an der Stadtpforte fragte, was sein Beruf sei und worüber er Bescheid wisse. »Ich weiß alles«, entgegnete der junge Mann. »Dann verrate uns doch, warum unser Marktbrunnen, aus dem früher Wein floss, nun ausgetrocknet ist und nicht einmal mehr Wasser gibt.« »Ich werde es euch erzählen, wenn ich aus der Hölle zurückkomme«, erwiderte er.

Kurze Zeit später passierte er eine andere Stadt, und auch dort fragte ihn der Torwächter, was sein Beruf sei und worüber er Bescheid wisse. »Ich weiß alles«, erwiderte der junge Mann. »Dann verrate uns doch, warum der Baum in unserer Stadt, der einst goldene Äpfel trug, jetzt nicht einmal mehr Blätter hervorbringt.« »Ich werde es euch sagen, wenn ich aus der Hölle zurückkomme«, antwortete der junge Mann.

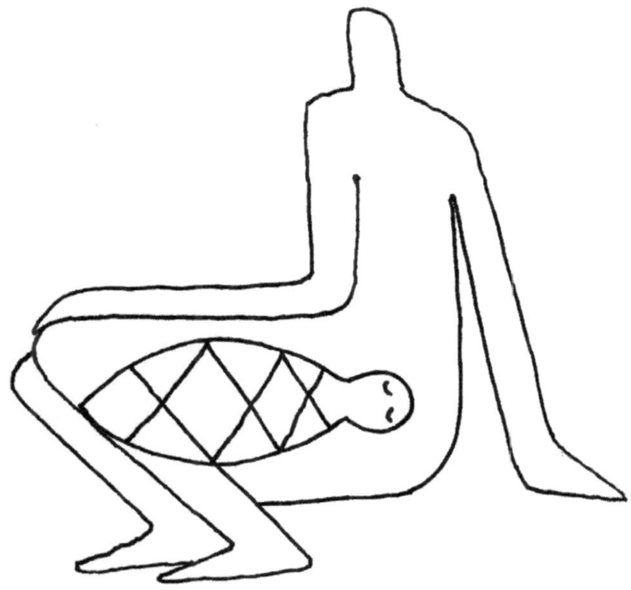

Menschen werden in der Vollkommenheit ihres Wesens geboren.

Als nächstes erreichte das Glückskind einen breiten Fluss und rief nach einem Fährmann. Dieser fragte ihn, was sein Beruf sei und worüber er Bescheid wisse. »Ich weiß alles«, erwiderte der junge Mann. »Dann verrate mir doch, warum ich ewig hin und her rudern muss, ohne davon befreit zu werden.« »Ich werde es dir sagen, wenn ich aus der Hölle zurückkomme«, antwortete der junge Mann.

Alle drei Aufgaben, die dem jungen Mann auf seiner Reise gestellt werden, sind mit den unglücklichen Umständen verbunden, die für die Eisenzeit typisch war. Nach historischen Quellen begann dieses Zeitalter etwas mehr als tausend Jahre vor unserer Zeitrechnung, doch es konnte die Erinnerung an ein vorheriges goldenes Zeitalter nicht auslöschen, eine Zeit unter dem Zeichen der Kultur der Göttin, als noch Frieden und natürlicher Wohlstand auf der Erde regierten.

Es gab eine Zeit, als das Wasser zehnmal mehr Lebenskraft in sich trug als heute. In der Sprache des Märchens ist das die tiefere Bedeutung des Übergangs von Wasser zu Wein. Damals, im sogenannten »Goldenen Zeitalter« der alten Griechen hatten Äpfel so viel Nährkraft, als wären sie aus Gold. Heute hingegen kämpfen Apfelbäume ums schiere Überleben und würden vielleicht ohne die Pflege der Menschen und Düngemittel überhaupt keine Früchte mehr tragen.

Ist es nicht so, dass eines der Probleme der Eisenzeit die ständige Leibeigenschaft des Fährmanns ist. Wo bleibt die Freiheit der Kreativität, wenn wir uns ohne Unterlass um das bloße Überleben kümmern müssen?

Der junge Mann, der sich seiner Prüfung stellte, erreichte endlich den Eingang der Hölle. Innen war es dunkel, und die Wände waren mit Ruß bedeckt. Der Teufel war nicht zuhause, doch seine Mutter saß dort in einem großen Armsessel. Sie sah nicht wirklich böse aus, als sie ihn fragte: »Was willst du?« Der junge Mann erzählte ihr seine ganze Geschichte, von seiner Heirat mit der Prinzessin und der damit verbundenen Aufgabe, drei goldene Haare vom Kopf des Teufels zurück ins Schloss zu bringen. »Nun, das ist ein guter Grund nach den drei goldenen Haaren zu suchen«, meinte sie, »doch wenn der Teufel nach Hause kommt und dich hier findet, wird es dich dein Leben kosten. Doch du tust mir leid, und ich werde versuchen, dir zu helfen.« Sie verwandelte ihn in eine Ameise und versteckte ihn in den Falten ihres Rocks. Der junge Mann vergaß auch nicht die Fragen, die ihm auf dem Weg dorthin gestellt wurden, und erklärte sie der Mutter des Teufels in allen Einzelheiten und bat sie dem Teufel die Antworten zu entlocken. »Die Fragen sind nicht einfach«, meinte des Teufels Mutter, »doch verhalte dich einfach still und pass auf, was der Teufel sagt, während ich ihm die drei goldenen Haare eins nach dem anderen ausreiße.«

Am Abend kam der Teufel nach Hause, nahm sein Abendessen ein und legte danach seinen Kopf in den Schoß seiner Mutter, damit sie ihn entlause, und schlief ein.

Die Szene mit des Teufels Mutter und deren Sohn ist überraschend, als ob sie sich gar nicht in der Hölle abspielen würde. Die Mutter des Teufels zeigt Mitgefühl und bietet dem künftigen Bräutigam ihre bedingungslose Hilfe an. Sie legt den Kopf des Teufels in ihren Schoß, um ihn zu entlausen. Angesichts dieser Umstände könnten wir annehmen, dass es sich überhaupt nicht um den Teufel und seine Mutter handelt. Können wir dem Gefühl trauen, dass unser Protagonist hier auf Mutter Erde und ihren Partner getroffen ist?

In der griechischen Mythologie wird Mutter Erde Gaia genannt und ihr Partner, der mit seiner Flöte dafür sorgt, die Naturkräfte in Gang zu halten, hört auf den Namen Pan. Da sich diese mythologischen Geschichten zur Zeit des Mittelalters unter dem Einfluss der christlichen Kirche veränderten, weil diese die ursprüngliche Liebe der Menschen zur Mutter allen Lebens und ihrem maskulinen Aspekt unterdrücken wollte, mussten die beiden Figuren in die Hölle versetzt werden. Nur dort durften sie weiter existieren.

Jahrhundertelang versuchte die christliche Ideologie, die Menschen von ihrer Bindung zur Erde zu lösen und sie an einen Gott zu binden, der jenseits des unmittelbaren Lebens existiert. Alle indigenen Kulturen fanden es von Anfang an schwierig mit solch einer abstrakten Vorstellung von Göttlichkeit umzugehen, und obendrein mit einem Gott, der als Autokrat dargestellt wurde. Und sicher wäre dieser Versuch zum Scheitern

Der junge Mann, als Ameise in den Rockfalten des Teufels Mutter versteckt, hört den Antworten des Teufels genau zu.

verurteilt gewesen, wenn die Christenheit nicht gleichzeitig einen Fluch gegen Gaia und Pan verhängt hätte. Dafür wurde sogar das klassische Bild von Pan mit den Hörnern und Hufen einer Ziege dafür missbraucht, um die Figur des Teufels als Widersacher Gottes und Verführer der Menschheit abzubilden.

Ist es nicht auffallend, dass der Teufel in unserer Geschichte goldene Haare hat – auch wenn es vielleicht nur drei sind? Es ist nicht etwa so, dass er Gold besitzt, sondern sein Haar ist golden als Teil seines Wesens. Das allein weist schon darauf hin, dass wir es hier mit einer durchtriebenen Täuschung zu tun haben.

Als der Teufel eingeschlafen war, zog seine Mutter das erste goldene Haar heraus. Er wachte von dem Schmerz auf und schrie: »Was machst du da?« »Ich hatte einen schlechten Traum und da habe ich nach deinem Haar gegriffen.« »Was hast du geträumt?« fragte der Teufel. »Ich träumte von einem Marktplatz, auf dem ein ausgetrockneter Brunnen stand, aus dem einst Wein floss und nun nicht einmal mehr Wasser fließt. Was mag wohl der Grund dafür sein?« Überraschenderweise wusste der Teufel die Antwort: »Wenn die Leute nur wüssten... Da sitzt eine Kröte unter einem Stein im Brunnen. Solange sie dort sitzt, wird kein Wein mehr fließen«, sagte der Teufel und schlief wieder ein.

Als des Teufels Mutter das zweite Haar herauszog, wiederholte sich die Geschichte, und der Teufel enthüllte auch das Geheimnis um den verdorrten Baum, der früher goldene Äpfel trug und nun nicht einmal mehr grüne Blätter hervorbrachte. In diesem Fall war es eine Maus, die die Wurzeln des Baumes abfraß. Doch jetzt drohte der Teufel seiner Mutter, sie zu schlagen, wenn sie ihn noch einmal aufwecke.

Natürlich träumte seine Mutter nicht, sondern sie hatte den Teufel durch einen Trick dazu gebracht, die Fragen des jungen Mannes zu beantworten. Dieser saß in eine Ameise verwandelt in den Röcken des Teufels Mutter und hörte aufmerksam zu. Als die Mutter jedoch das dritte goldene Haar aus dem Kopf des Teufels zog, sprang der Teufel auf und schrie seine Mutter wütend an, doch sie konnte ihn beruhigen, indem sie sagte, es sei nicht ihre Schuld, wenn sie schlechte Träume habe. »Wovon hast du denn jetzt schon wieder geträumt?« fragte der Teufel neugierig.

Seine Mutter erzählte ihm die Geschichte von dem Fährmann, der niemanden finden konnte, der seine Aufgabe übernahm. Auch dieses Mal wusste der Teufel Rat, der Fährmann müsse dem nächsten Reisenden, der das Wasser überqueren wolle, seine Ruderstange, mit der er das Floß vorwärts stieß, übergeben und sofort an Land springen. Dann sei er für alle Ewigkeit von seiner Pflicht befreit. Als der Teufel sich am nächsten Morgen wieder auf den Weg machte, um seine Geschäfte zu erledigen, gab des Teufels Mutter dem jungen Mann seine menschliche Gestalt zurück, übergab ihm die drei goldenen Haare und schickte ihn auf seinen Weg zurück.

Des Teufels Antwort auf die drei unglücklichen Umstände zeigt uns, dass der Teufel nicht irgendein böses Wesen ist, sondern ein Wesen der Erde, das in der Gestalt des Teufels gezeigt wird. Wie sollte er sonst wohl die Geheimnisse des ausgetrockneten Brunnens und des verdorrten Baums kennen? Der Grund für dieses Unglück war für menschliche Augen nicht sichtbar. In beiden Fällen waren die blockierenden Kräfte unter der Erde am Werk, in deren kausalen Dimensionen. Nur jemand, der in den tieferen Dimensionen des irdischen Universums zuhause ist, kann die geheimen Ursachen des ökologischen Desasters erkennen.

Wie schon erwähnt, hat sich die christliche Ideologie der Figur des alten Naturgottes Pan bemächtigt, um ihn zum Teufel zu machen. Dafür beraubten sie Pan seiner Flöte und trieben ihn aus den duftenden Ebenen der Landschaften der Erde in die dunkle und feurige Unterwelt. Den fröhlichen Gott der Natur in einen grausamen Gott der Hölle zu verwandeln, ist ein ideologisch-politisches Projekt, um sich vorübergehend die Macht und die Kontrolle über die Menschen als Naturwesen zu sichern.

In meiner Arbeit mit den Landschaften der Erde habe ich Pan als den Partner von Gaia kennengelernt. In dem Maße, wie Gaia unaufhörlich aus ihrem Schoß im Innern der Erde Leben gebiert, so ist Pan für den Fluss der Lebensströme verantwortlich, die sich über die Oberfläche der Erde ergießen. Seine Energiezentren sind über die Landschaften der verkörperten Erde verteilt und stellen Bezugspunkte für den Kontakt mit Gaias Schöpfung dar; als solche dienen sie allen verkörperten Wesen, besonders aber den Pflanzen und Tieren. Da wir die ursprünglichen Namen dieser beiden göttlichen Wesen der irdischen Schöpfung nicht kennen, haben wir uns die beiden Namen von den alten Griechen ausgeliehen, die sich immer noch einiges Wissen über die femininen und maskulinen Aspekte der Ganzheit der Erde bewahrt hatten.

Jetzt können wir verstehen, wieso der Teufel als eine verzerrte Version von Pan wissen konnte, dass es bestimmte Kräfte und fremde Wesen im Untergrund der Erde gibt, die von der Erde und ihren Evolutionen das Wissen stehlen wollen, das als Erinnerung im Wasser fließt. Ich beziehe mich hier auf das Wissen, wie die Ströme des Lebens in Weisheit und Glück verwandelt werden können – in unserer Geschichte symbolisiert durch den Brunnen, in dem Wein statt Wasser fließt.

Und er weiß auch, dass es im Untergrund der Erde Kräfte und fremde Wesen gibt, die der Erde das Wissen nehmen wollen, wie Materie in eine spirituelle Substanz umgewandelt werden kann, die fähig ist, himmlische Eigenschaften des Lebens auf der Erde zu erhalten – hier in unserer Geschichte symbolisiert durch den Apfelbaum, der goldene Äpfel trägt. Das erste und zweite goldene Haar von Pans Kopf repräsentiert den momentanen tragischen Zustand der irdischen Welt. Und das dritte goldene Haar ist als Lehre für die Menschen gedacht, indem es uns zeigt, wie wir aus dem Zyklus einer oberflächlichen Existenz ausbrechen können, die eines Menschen nicht würdig ist. Aber um die Botschaft des dritten goldenen Haares zu verstehen, müssen wir das Ende der Geschichte abwarten.

Auf seinem Heimweg machte der glückliche junge Mann an den beiden Orten halt, in denen er auf seinem Hinweg um Hilfe gebeten worden war, und erzählte den Leuten, was zu tun sei, um die himmlischen Qualitäten der Erde wiederherzustellen. Er wurde ansehnlich belohnt und kehrte mit zwei Eseln, die mit Gold beladen waren, zu seiner Braut zurück. Jetzt konnte ihm der hinterhältige König seine Braut nicht länger vorenthalten.

Aber der gierige König wurde von dem vielen Gold in Versuchung geführt. Er fragte den Bräutigam, wie er an das Gold gekommen sei, weil er hoffte, selbst etwas zu finden. Der junge Mann antwortete, dass er das Gold auf der anderen Seite eines Flusses gefunden habe, wo es statt Sand am Strand liege. Am Fluss, so erzählte er weiter, warte ein alter

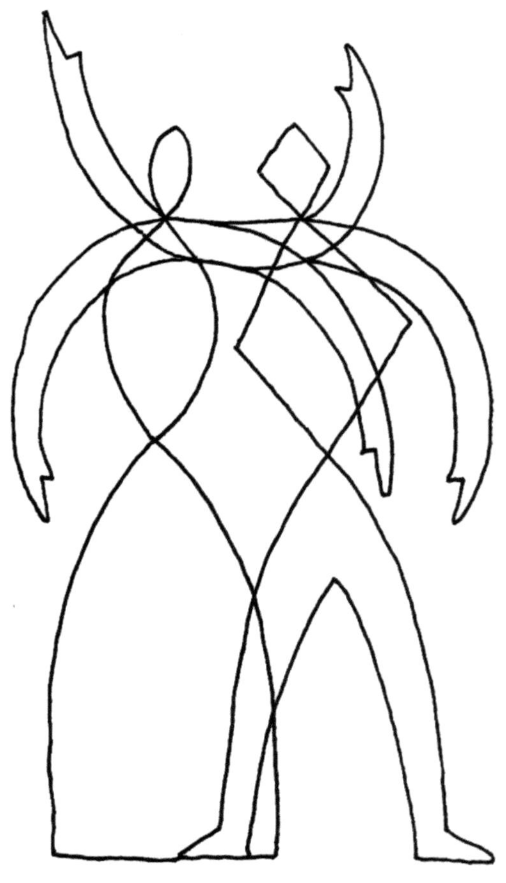

Niemand wird dem glücklichen jungen Mann jemals wieder seine Braut wegnehmen können.

Fährmann, um Reisende ans andere Ufer zu bringen. Der gierige König beeilte sich, zu dem Fährmann zu kommen, und ließ sich auf die andere Seite des Flusses bringen. Doch kaum dort angekommen, drückte der Fährmann dem König seine Ruderstange in die Hand und sprang schnell an Land. Wie es Pan (der Teufel) vorhergesagt hatte, wurde der König die Ruderstange nicht mehr los und musste von da an sein tägliches Brot damit verdienen, dass er Reisende mit dem Floß über den Fluss brachte.

Wie versprochen, enthüllt sich die Bedeutung des dritten goldenen Haares des Teufels erst am Ende des Märchens. Die Menschen müssen angesichts der verkörperten Erde ihre Furcht verlieren. Wenn sie gierig werden und aus Angst ums Überleben Reichtümer anhäufen, werden sie früher oder später ihre göttliche Essenz verlieren. Sie werden sich selbst erniedrigen, indem sie, wie in unserer Geschichte, den Status eines Königs verlieren und stattdessen zum Sklaven einer eingebildeten Bedürftigkeit werden.

Von dem Fischer und seiner Frau

Es waren einmal ein Fischer und seine Frau, die wohnten zusammen in einem Topfe, dicht an der See, und der Fischer ging alle Tage hin und angelte; und er angelte und angelte. So saß er auch einst bei der Angel und sah immer in das klare Wasser hinein; und er saß und saß.

Da ging die Angel auf den Grund tief hinunter, und als er sie heraufholte, zog er einen großen Butt heraus. Da sagte der Fisch zu ihm: »Hör einmal, Fischer, ich bitte dich, lass mich leben, ich bin kein rechter Fisch, ich bin ein verwünschter Prinz. Was hilft es dir, wenn du mich totmachst? Setze mich wieder ins Wasser und lass mich schwimmen.« »Nun«, sagte der Mann, »du brauchst nicht so viele Worte zu machen; einen Fisch, der sprechen kann, hätte ich so schon schwimmen lassen.« Damit setzte er ihn wieder ins klare Wasser, da ging der Fisch auf den Grund und zog einen langen Streifen Blut nach sich.

Wenn zwei Menschen in einem Topf leben und wenn ein Fisch spricht wie ein Mensch, dann kann es nicht anders sein, als dass wir es nicht mit der verkörperten Weltdimension zu tun haben, sondern mit einer kausalen Ebene, die im Hintergrund der manifesten Welt existiert – aber nicht zu weit weg, denn der Fisch schwimmt doch im Wasser und die beiden Menschen benehmen sich wie normale Menschen des verkörperten Alltags. Um die Diskrepanz zwischen beiden Ebenen zu verwischen, bietet der Erzähler dem Verstand eine Verständnishilfe an, indem er erwähnt, der sprechende Fisch sei ein verwunschener Prinz. Diese Geste können wir jedoch getrost ignorieren, denn es fehlt die sonst in Märchen übliche Bitte des verwunschenen Prinzen, ihn aus seinem Zustand zu erlösen.

Doch wenn der sprechende Fisch kein verzauberter Mensch ist, was ist er dann? Es könnte sich um einen mythischen Fisch handeln, der in Überlieferungen verschiedener Völker als Riesenfisch beschrieben wird, der die Weltenscheibe auf seinem Rücken trägt. Es ist von seinen Bewegungen abhängig, ob das Leben auf der manifesten Ebene harmonisch verläuft oder durch Erdbeben oder Fluten heimgesucht wird. In der Überlieferung meines slowenischen Heimatlandes trägt der Weltenfisch den Namen »Faronika«, abgeleitet von »Pharaonika«, weil das Märchen

Der Weltenfisch mit dem Diskus der verkörperten Welt auf dem Rücken

vom Riesenfisch mit der biblischen Geschichte des Auszugs des israelitischen Volkes aus Ägypten assoziiert wurde, in deren Verlauf die ägyptischen Soldaten im Roten Meer ertranken, als sie die Israeliten verfolgten. In einer Volksballade zu »Faronika« heißt es:

Jesus schwimmt im Meer, in einem tiefen Meer.
Eine Fischfrau schwimmt ihm nach, die Fischfrau Faronika.
»Oh, warte, Fischfrau, warte, Fischfrau Faronika!
Wir wollen dich fragen, was in der Welt geschieht!«
»Schlage ich mit meinem Schwanz,
so wird die Welt untergehen!
Drehe ich mich auf meinem Rücken,
so wird die Welt überflutet!«

In einem deutschen Volkslied wird der Weltenfisch »Concelebrant« nach dem ersten Wort im lateinischen Messbuch benannt, weil der erste Buchstabe »C« die geschnörkelte Initialform eines Fisches hatte. Eine Überlieferung aus der Eifel besagt:

Der Fisch, der ist sich Concelebrant.
Er wird sich in allen Gottes Messen genannt.
Wird er nicht in allen Gottes Messen genannt,
so entsteht sich Erdbeben wohl in dem Land.

Es ist nicht zu übersehen, dass der Weltenfisch in beiden Varianten mit der höchsten geistigen Autorität gleichgesetzt wird, einmal mit Jesus und das zweite Mal mit Gott. Übersetzt in die moderne Sprache, hieße das, dass es sich beim Weltenfisch um ein göttliches Wesen handelt, das mit irdischen Phänomenen wie Erdbeben und Flut in Verbindung gebracht wird. Folgerichtig dürfen wir den Weltenfisch mit Gaia, der Erdschöpferin gleichsetzen. Die schöpferische Qualität von Gaia wird im Märchen der Brüder Grimm vom Fischer und seiner Frau dadurch bestätigt, dass der sprechende Fisch, wie wir später noch sehen werden, fähig ist, auf der Erdoberfläche alles mögliche zu manifestieren, angefangen von einer Hütte bis zum königlichen Palast und noch mehr. Gaia steht hier für das allumfassende Erdbewusstsein, das alle Wesenheiten des irdischen Universums verbindet und all die schöpferischen Prozesse ermöglicht, durch die alles, was existiert, in einer verkörperten Form erscheinen kann.

Im Märchen ging der Fischer nach seinem Erlebnis mit dem Fisch zu seiner Frau in den Topf zurück. »Sag mir, Mann«, sagte die Frau, »hast du heute nichts gefangen?« Der Fischer erzählte ihr von seiner Begegnung mit dem sprechenden Fisch, woraufhin die Frau meinte, er solle den Fisch um eine Gegenleistung bitten. Er könne ihnen doch eine Hütte schenken, denn sie sei nicht damit zufrieden, ewig in einem Topf zu leben. Der Mann hatte kein gutes Gefühl dabei, gong aber doch an die See, um seiner Frau nicht zu widersprechen. Doch als er am Ufer der See ankam, ist die See nicht mehr so klar wie zuvor, sondern grün und gelb gefärbt. So stellte er sich hin und sagte:

Mantje, Mantje, Timpe Te,
Buttje, Buttje in der See,
meine Frau, die Ilsebill,
will nicht, so wie ich gern will.

Da kam der Fisch angeschwommen und fragte: »Na, was will sie denn?« – »Ach«, sagte der Mann, »meine Frau meint, ich hätte mir etwas wünschen sollen, als Dank dafür, dass ich dich freigelassen habe. Sie mag nicht mehr in einem Topfe wohnen, sie möchte gern eine Hütte haben.« »Geh nur zu ihr hin«, sagte der Fisch, »sie hat sie schon.«

Da ging der Mann hin, und seine Frau saß nicht mehr in einem Topfe, doch da stand eine kleine Hütte, und seine Frau saß vor der Tür auf einer Bank. Da nahm ihn seine Frau bei der Hand und sagte zu ihm: »Komm nur herein, sieh nur, so ist es doch viel besser.« Da gingen sie hinein, und in der Hütte war ein kleiner Vorplatz und eine herrliche Stube und Kammer, wo für jeden ein Bett stand…

Es gibt im Märchen sechs Begegnungen zwischen dem Fischer und dem Fisch ausgelöst durch das Verlangen der Frau nach einer bestimmten Manifestation – die beschriebene Verkörperung einer Hütte ist nur die erste davon. Die Begegnungen spielen sich immer in drei Phasen ab. Die erste ist das Verlangen der Frau nach einer bestimmten Manifestation, darauf folgt der magische Spruch des Mannes und als Antwort wird der Prozess der Manifestation des gegebenen Objekts – in unserem Fall der Hütte – durch den Weltenfisch/Gaia in Gang gesetzt.

Das Märchen vom Fischer und seiner Frau enthüllt in seiner märchenhaften Sprache das Geheimnis, wie die verkörperte Welt im einzelnen verwirklicht wird. Auf der einen Seite haben wir die menschliche Familie und auf der anderen das Gesamtbewusstsein von Gaia und ihren Mitschöpfern. Die Menschheit hat einen weiblichen und einen männlichen Aspekt. Während der weibliche Aspekt der gegebenen Kultur oder Zivilisation das Bewusstsein für das tägliche Leben der Gemeinschaft im Fokus hat, wie sie wohlgenährt und glücklich leben kann – im Märchen symbolisiert durch eine gemütliche Hütte, steht der männliche Aspekt für die Aufgabe, durch entsprechende Anrufungen oder Rituale eine Botschaft an die Weltenseele zu leiten, um entsprechende Manifestationen bewirken zu können. Durch den magischen Spruch »Mantje, Mantje, Timpe Te, Buttje, Buttje, in der See…« wird die Kommunikation mit dem Weltenfisch/Gaia eröffnet und der Prozess der Manifestation in Gang gesetzt. Das gilt natürlich nur für eine Zeit, in der das Wünschen noch geholfen hat, und wirkt auch noch in der mittelalterlichen europäischen Kultur, in der die gesammelten Märchen der Brüder Grimm entstanden sind. Doch auch indigene Völker unserer Zeit, wie zum Beispiel die indigenen Völker im Amazonas, sind noch eng mit dem Mysterium der Naturwelt verbunden.

Die Begeisterung für die Hütte dauerte nicht mehr als acht oder vierzehn Tage, da sagte die Frau: »Höre Mann, die Hütte ist doch gar zu eng, und der Hof und der Garten sind gar so klein, der Fisch hätte uns auch wohl ein größeres Haus schenken können. Ich möchte gern in einem großen, steinernen Schlosse wohnen. Geh hin zum Fisch, er soll uns ein Schloss schenken.« Der Mann wehrte sich, denn er war mit der schönen Hütte zufrieden, doch die Frau ließ in ihrem Drängen nicht nach. Am Ende musste er doch gehen, obwohl sein Herz so schwer war, und er zu sich selbst sagte: »Das ist nicht recht.«

Als er an die See kam, war das Wasser ganz violett und dunkelblau und grau und dick und gar nicht mehr so grün und gelb wie das letzte Mal. Da stellte er sich hin und sagte:

Mantje, Mantje, Timpe Te,
Buttje, Buttje in der See,
meine Frau, die Ilsebill,
will nicht so, wie ich gern will.

»Na, was will sie denn?« fragte der Fisch. »Ach«, sagte der Mann betrübt, »sie will in einem großen, steinernen Schlosse wohnen.« – »Geh nur hin, sie steht vor der Tür«, sagte der Fisch.

Da ging der Mann hin und dachte, er wolle nach Hause gehen, als er aber dort ankam, da stand dort ein großer steinerner Palast, und seine Frau stand oben an der Treppe. Da nahm sie ihn bei der Hand und sagte: »Komm nur herein.«

Es ist auffallend, dass der Weltenfisch ohne weitere Einwände ein steinernes Schloss erschafft, obwohl es offensichtlich ist, dass das Verlangen der Frau nach solch einer komfortablen Wohnstätte nicht angemessen ist. Allerdings zeigt uns die bedrohliche Kulisse, die durch die Beschreibung der See aufgebaut wird, dass die Begierden der Frau mit dem Gesamtbewusstsein der Erde nicht im Einklang stehen. So heißt es im Märchen: »Als der Fischer an die See kam, war das Wasser ganz violett und dunkelblau und grau und dick.« Dabei steht das urbildliche Wasser, in dem der Weltenfisch wohnt, für das emotionale Kraftfeld von Gaia, durch das ihre Weisheit und das Wissen des elementaren Bewusstseins der Erde zum Ausdruck gebracht werden. Durch den beschriebenen Zustand des Wassers werden die Menschen gewarnt, nicht gegen die Gesetze des Lebens zu wirken. Wie kann es aber dazu kommen, dass die hochmütige Idee der Frau, ein Schloss besitzen zu wollen, trotzdem von Gaia verwirklicht wird?

Der offenbare Gegensatz zwischen der Aussage des emotionalen Kraftfeldes der Erde und der Bereitschaft Gaias, dennoch das Schloss zu erschaffen, kann aufgrund des ursprünglichen Vertrages zwischen Gaia und der Menschheit verstanden werden. Wir können uns die Menschheit als eine breite Schar von Seelen vorstellen, der die Erdschöpferin vor ewigen Zeiten die Erde als einen Raum für ihre Entfaltung zur Verfügung gestellt hat. Danach können sich die Menschen immer wieder auf der Erde verkörpern, um Erfahrungen zu sammeln und sich dadurch geistig und ethisch zu entwickeln. Dabei ist es ihnen erlaubt, sowohl aufbauende als auch zerstörerische Erfahrungen zu machen, ohne dass Gaia und ihre lehrenden Elementargeister wertend eingreifen dürfen.

In dem Sinne läuft unsere Erzählung weiter. So schenkte Gaia dem Fischer und seiner Frau nicht nur ein bestens ausgestattetes Schloss, sondern auch einen großen herrlichen Garten mit den schönsten Blumen und feinen Obstbäumen. Da sagte der Mann: »Nun wollen wir in dem schönen Schloss wohnen und zufrieden sein.« Und sie gingen ins Bett. Aber als die Frau am nächsten Morgen das weite Land erblickte, das sich vor dem Schloss erstreckte, stieß sie den Mann mit dem Ellbogen in die Seite und sagte: »Steh auf und guck einmal aus dem Fenster! Sieh, können wir nicht König werden über all dieses Land? Geh hin zum Fisch, wir wollen König sein.« Da dem Mann nichts daran lag, König zu werden, sagte die Frau: »Willst du nicht König sein, so will ich König sein.« Der Mann war nicht einverstanden und zögerte, ging aber am Ende doch zur See. Dort angekommen, sah er, dass die See ganz schwarzgrau war und das Wasser von innen gärte und faulig roch. Da stellte er sich hin und rezitierte den uns schon gut bekannten magischen Spruch:

Mantje, Mantje, Timpe Te,
Buttje, Buttje in der See,
meine Frau, die Ilsebill,
will nicht so. wie ich gern will.

Nachdem die Frau König geworden war, wollte sie bald danach auch noch Kaiser werden, und da ihr das immer noch nicht reichte, wollte sie auch die Papstwürde und saß am Ende mit drei Kronen übereinander da. So hatte die Frau die übliche mittelalterliche Hierarchie durchlaufen, von der einfachen Fischersfrau über den König und den Kaiser bis hin zum

Des Fischers Frau auf dem königlichen Thron

Papst. Jedes Mal, wenn der Mann mit einem neuen begehrlichen Wunsch an die See kam, war diese dunkler geworden und wurde von Windstößen aufgewühlt.

Betrachten wir die Torheit der Frau im Spiegel der Gegenwart, um nicht von den märchenhaften Bildern überwältigt zu werden. Wenn wir uns die Welt von heute anschauen, dann sehen wir eine Zivilisation, die die Erde fast vollkommen erobert hat und die ihr schamlos alles raubt, was sie für ihre hochfliegenden Projekte braucht, sei es, um Hochhäuser oder Panzer zu bauen und Raketen zum Mond zu schicken. All das fördert weder die innere Entwicklung der Menschen, noch lässt sich darin die Absicht erkennen, den oben erwähnten Vertrag zwischen Mensch und Gaia ernstzunehmen und nach und nach zu verwirklichen. Wozu brauchen wir Bomben, durch die eine Million Menschen und mehr mit einem Schlag getötet werden können? Und wozu braucht eine einfache Fischersfrau die päpstliche Würde?

Doch geht es hier nicht nur um die ethische Diskrepanz zwischen dem, was der Mensch will, und dem, was Gaia anbietet. Der chaotische Zustand, in dem sich die See befindet, die immer düstereren Farben und die darüber ziehenden Stürme zeigen an, dass im Hintergrund der kausalen Welt, wo der Weltenfisch wohnt, etwas grundlegend falsch gelaufen ist, wofür die Menschheit verantwortlich ist. Das elementare Bewusstsein der Erde ist faktisch gezwungen, in der Formenwelt alles mögliche anzusiedeln, was dem Leben nicht dient oder bestimmte Lebensprozesse sogar vergiftet oder abtötet. Für all die von der Menschheit manifestierten Objekte und formende Prozesse werden Stoffe aus der Erde entnommen, sei es Erdöl oder Erze, um daraus Uran und andere Metalle zu gewinnen, oder auch das Wasser, das allen Lebensprozessen zugrunde liegt. Die moderne Menschheit betrachtet all diese Geschenke als selbstverständlich, anders als indigene Kulturen, die sich für alles, was sie der Erde nehmen, mit entsprechenden Ritualen bedanken, verlangt der moderne Mensch vom Weltenfisch Gaia immer mehr.

In unserer Geschichte sitzt die Fischersfrau wie ein Klotz auf ihrem hohen Papstthron, während all die Könige und Kaiser vor ihr liegen und ihre Pantoffeln küssen. Der Mann glaubt nun, sie könnte keinen weiteren Wunsch hegen, da sie zur höchsten Papstwürde aufgestiegen ist – doch weit gefehlt! Als sie eines Morgens erwacht und von ihrem hohen Bett die aufgehende Sonne betrachtet, überkommt sie ein unwiderstehliches Verlangen, über Sonne und Mond zu herrschen und Gott zu werden.

»Geh gleich hin zum Fisch«, befahl sie ihrem Mann, »ich will werden wie Gott.« »Ach, Frau«, sagte der Mann und fiel vor ihr auf die Knie, »das kann der Fisch nicht, Kaiser und Papst kann er machen; ich bitte dich, geh in dich und bleibe Papst.« Da kam sie in helle Wut, die Haare flogen ihr so wild um den Kopf, dass der Fischer keinen Ausweg sah, und er lief an die See wie von Sinnen.

Finden wir in der Gegenwart nicht vieles, was an die verrückte Idee der Fischersfrau, dem allmächtigen Gott gleich zu werden, erinnert? Ist das Märchen vom Fischer und seiner Frau in diesem Sinne prophetisch? Betrachten wir nur die rasende Entwicklung der künstlichen Intelligenz, vor der inzwischen sogar ihre Erfinder warnen, weil sie merken, dass sie diese nicht beherrschen können, oder auch die kollektive Anmaßung, die gefährliche Entwicklung der Erdwandlung umkehren zu können. Es werden gigantische Projekte finanziert, um andere Planeten zu erforschen oder sogar weit entfernt liegende Sternensysteme mit Raumschiffen zu erreichen, während unsere an Bodenschätzen reiche Erde weiter ausgebeutet wird und die zuvor fruchtbare Bodenoberfläche mit ihrer vielfältigen Fauna und Flora in eine Wüstenlandschaft verwandelt wird. Dahinter steht der konkrete Wille, die kreativen Fähigkeiten von Gaia und ihren göttlichen Helfern an sich zu reißen und den Erdplaneten – und vermutlich auch den menschlichen Körper – so umzubauen, dass der Mensch von der Natur unabhängig wird. Damit würden die Menschen auch von den elementaren Wesenheiten und Kräften Gaias getrennt werden – was einem Todesprozess gleichkäme.

Als der Fischer am Ufer ankam, brauste der Sturm so heftig, dass Bäume und Häuser umgeweht wurden, die Berge bebten und Felsen rollten in die See, der Himmel war pechschwarz, und es donnerte und blitzte, die See ging in so hohen schwarzen Wellen wie Kirchtürme und wie Berge und oben hatten sie alle eine weiße Schaumkrone. Der Fischer schrie und konnte sein eigenes Wort nicht hören:

Mantje, Mantje, Timpe Te,
Buttje, Buttje in der See,
meine Frau, die Ilsebill,
will nicht so, wie ich gern will.

»Nun, was will sie denn?«, fragte der Fisch. »Ach«, sagte der Mann, »sie will werden wie der liebe Gott.« – »Geh nur hin, sie sitzt schon wieder im alten Topfe.«

Erneut möchte ich betonen, dass die Worte des Weltenfisches keine Bestrafung bedeuten. Es handelt sich eher um eine ernsthafte Warnung. Um das zu verstehen, müssen wir uns vergegenwärtigen, was es heißt »im alten Topfe zu sitzen«. Ein verkörperter Mensch kann wohl kaum in einem Topfe sitzen, wohl aber eine Seele, denn sie kennt keine physische Ausdehnung.

»Das Sitzen im alten Topfe« ist ein Verweis auf die geistige Welt der Ahnen und Nachkommen; der Topf repräsentiert den geistigen Raum, in dem Menschenseelen wohnen, bevor sie sich in den Lebensprozessen der Erde verkörpern, und natürlich auch nach ihrem irdischen Tod. In der Tat lebten der Fischer und seine Frau in einem Topf, schon bevor der Weltenfisch Gaia ihnen eine Hütte und damit einen verkörperten Lebensraum schenkte. Zuvor lebten sie in den geistigen Räumen und auch wieder danach, als ihre nicht sehr wünschenswerte Erfahrung auf der manifesten Ebene der Erde auf eine höchst dramatische Weise beendet wurde.

Das abrupte Ende des Märchens kann letztendlich als eine Aufforderung an uns Menschen verstanden werden, mit unseren hochmütigen Forderungen an den Weltenfisch/Gaia aufzuhören. Das verkörperte Leben sollte erneut als eine fantastische Möglichkeit wertgeschätzt werden, um körperliche Erfahrungen zu sammeln und unsere Mitmenschen und die elementare Welt der Natur mit Glück zu beschenken. Eine sofortige kollektive Umkehr der Menschheit ist kaum zu erwarten. Also sind wir als erwachte Einzelpersonen und Gruppen aufgefordert, die ersten Schritte zu tun, damit wir im Namen der Menschheit den Verlust des Rechts, sich immer wieder auf Erden zu verkörpern und die Gaben des verkörperten Lebens zu genießen, nicht verlieren.

Einäuglein, Zweiäuglein und Dreiäuglein

Dieses Märchen ist insofern einmalig, als es uns einen Einblick in die Entstehung unseres irdischen Universums gewährt. Es wird viel darüber diskutiert, wie unser mit Sternen übersätes Universum entstanden ist

Doch wir sollten uns vergegenwärtigen, dass auch die Erde – mit all ihren Raumdimensionen und darin angesiedelten Wesenheiten und Evolutionen – ein relativ selbständiges Universum darstellt. Wir dürfen uns vorstellen, dass die Geschichte seiner Entstehung in eine ferne Epoche hineinreicht, bevor es die materielle Erde, wie sie heute existiert, überhaupt gab. Das Märchen von Einäuglein, Zweiäuglein und Dreiäuglein erzählt in einer imaginären Sprache von der Entstehung des irdischen Universums und von seiner Entwicklung bis zum heutigen Tag – möglicherweise sogar darüber hinaus.

Es war einmal eine Frau, die hatte drei Töchter, die älteste hieß Einäuglein, weil sie nur ein einziges Auge mitten auf der Stirn hatte, und die mittlere Zweiäuglein, weil sie zwei Augen hatte wie alle anderen Menschen, und die jüngste wurde Dreiäuglein genannt, weil sie neben den zwei Augen auch noch ein drittes mitten auf der Stirn hatte. Weil Zweiäuglein so aussah wie andere Menschenkinder auch, konnten es ihre Schwestern nicht leiden. Sie sprachen zu ihm: »Du mit deinen zwei Augen bist nicht besser als das gemeine Volk, du gehörst nicht zu uns.« Sie stießen es herum und warfen ihrer Schwester nur schlechte Kleider hin und gaben ihr nur das zu essen, was sie selbst übrigließen, und bereiteten ihrem Herzen Kummer, wo sie nur konnten.

Schon die einleitenden Worte des Märchens deuten darauf hin, dass es sich bei der Geschichte um zwei verschiedene Zeit- und Raumqualitäten handelt. Die Tatsache, dass Zweiäuglein wie andere Menschenkinder mit zwei organischen Augen ausgestattet ist, bestätigt ihre Zugehörigkeit zum Erdplaneten, dem Planeten, auf dem Menschen und auch andere Wesenheiten wie Pflanzen, Tiere und Mineralien mit einem materiellen Körper beschenkt werden.

Die beiden Schwestern, Einäuglein und Dreiäuglein, sind entweder mit einem oder drei Augen versehen, was sie aus der irdischen Sphäre heraushebt. Wir könnten sie mit einer Ausdehnung der kosmischen Entwicklung gleichsetzen, die sich auf einer Ebene entfaltet, auf der die Existenzform der Verkörperung nicht vorkommt. Diese unbekannte Ausdehnung wird in unserem Märchen mit dem Begriff des »Dritten Auges« verbunden. Im Hinduismus und anderen Weltanschauungen wird das »Dritten Auge« oft als Symbol für die mitten im Gehirn sitzende Zirbeldrüse auf die Stirn gezeichnet.

Das können wir in unserem Kontext so verstehen, dass beide Schwestern mit einem dritten Auge auf der Stirn einer Evolution angehören, die nicht mit der Erde, sondern eher mit einer außerirdischen Entwicklung verbunden ist.

Die schlechte Behandlung des Zweiäugleins durch seine beiden »außerirdischen Schwestern« kann dadurch erklärt werden, dass Zweiäuglein als Teil der irdischen Entwicklung als fremd empfunden wird.

Als die Erde oder Gaia als eine bewusste Wesenheit begann, ihre eigene evolutionäre Besonderheit zu entfalten, verstieß sie damit gegen die gewohnte kosmische Ordnung. Diese neue Entwicklung, die nicht nur mit der Erschaffung unserer organischen Körper und den dazugehörenden Augen zu tun hat, wurde von der alten und erstarrten kosmischen Weltordnung nicht willkommen geheißen. Dadurch wurde sie in vielerlei Hinsicht gebrochen und aufgeweicht, wie wir im weiteren Verlauf des Märchens noch erfahren werden.

Es trug sich zu, dass Zweiäuglein hinaus ins Feld gehen und die Ziege hüten musste, aber noch ganz hungrig war, weil ihm seine Schwestern so wenig zu essen gegeben hatten. Da setzte es sich auf einen kleinen Hügel und fing an zu weinen, und so zu weinen, dass zwei Bächlein aus seinen Augen herabflossen. Und wie es in seinem Jammer einmal aufblickte, stand eine Frau neben ihm, die fragte: »Zweiäuglein, was weinst du?« Zweiäuglein antwortete: »Soll ich nicht weinen? Weil ich zwei Augen

Die drei Schwestern

habe wie andere Menschen, so können mich meine Schwestern und meine Mutter nicht leiden, stoßen mich aus einer Ecke in die andere, werfen mir alte Kleider hin und geben mir nichts zu essen, als was sie übriglassen.« Sprach die weise Frau: »Zweiäuglein, trockne dir dein Gesicht, ich will dir etwas sagen, dass du nicht mehr hungern sollst. Sprich nur zu deiner Ziege:

Zicklein meck,
Tischlein deck,

so wird ein sauber gedecktes Tischlein vor dir stehen und das schönste Essen darauf, so dass du so viel essen kannst, wie du Lust hast. Und wenn du satt bist und das Tischlein nicht mehr brauchst, so sprich nur:

Zicklein meck,
Tischlein weg,

so wird's vor deinen Augen wieder verschwinden.«

Es ist auch alles so geworden, wie die weise Frau gesagt hat, und Zweiäuglein hat sich satt gegessen und war ganz vergnügt und guter Dinge.

Die Geschichte der Geburt des Erduniversums hat begonnen!

Untersuchen wir zuerst die Rolle der Ziege in unserem Märchen. Sie steht für die wunderbare Lebensfülle auf unserer Erde und nährt das hungrige Zweiäuglein.

Warum die Ziege? Die Ziege wird für eine der intelligentesten Tierarten gehalten. Ich kannte einen Mathematikprofessor aus Mazedonien, der während des letzten Weltkrieges Ziegen hielt, um seine Familie zu ernähren. Wenn er mit einem schweren Mathematikproblem rang, ging er hinaus zu den Ziegen. Immer wenn er eine richtige Lösung gefunden hatte, kamen alle Ziegen gleichzeitig auf die Beine.

Die Ziege repräsentiert die elementare Kraft und Intelligenz der Natur. Pan als der antike griechische Gott der Natur trägt einen Ziegenkörper. Und wer könnte die weise Frau sein, die dem Zweiäuglein das Bewusstsein für die allgegenwärtigen und dennoch übersehenen Gaben des irdischen Universums eröffnet? Wir könnten sie mit Gaia gleichsetzen, mit der Erdschöpferin. Sie zeigt Zweiäuglein, dass die allgemeine Abwesenheit der Lebensfülle auf Erden, die die Menschen erleiden, nur ein oberflächliches Phänomen ist. Würden wir uns als Einzelpersonen oder als

Zivilisation mit der hintergründigen (elementaren) Intelligenz und Kraft der Erde und der Natur verbinden, hätten wir auf Erden weder Hunger noch Mangel.

Es ist offensichtlich, dass die rettende Beziehung zu den elementaren Kräften der Natur aufgrund einer magischen Formel zustande kommt. Entschlüsseln wir die märchenhafte Sprache, so könnte es sein, dass die angestrebte Neuverbindung nicht durch eine bestimmte Technik oder durch Einsatz der künstlichen Intelligenz zu erreichen ist, sondern aufgrund eines bewussten Austausches. Das magische Tischlein wird gerufen, wenn es gebraucht wird, und danach zurückgegeben. Es ist der zyklische Austausch mit dem elementaren Bewusstsein der Natur, der Wunder bewirken kann.

Nachdem den beiden Schwestern des Zweiäugleins auffällt, dass es gar nicht mehr an den Abfällen interessiert ist, die sie ihm als Nahrung hinwerfen, werden sie misstrauisch und fangen an, nach der Ursache zu suchen. Deshalb bestehen sie darauf, Zweiäuglein auf die Weide zu begleiten, um ihrem Geheimnis auf die Spur zu kommen. Zuerst versucht Einäuglein zu beobachten, was passiert, doch ohne Erfolg, denn sie schläft ein und schließt dabei ihr Auge. Zweiäuglein konnte in Ruhe das Tischlein mit all den Kostbarkeiten herbeiholen und genießen. Danach begleitete Dreiäuglein seine Schwester auf die Weide, doch auch sie schlief ein und schloss dabei ihre beiden Augen, sie konnte jedoch das dritte Auge offenhalten und den verblüffenden Austausch zwischen der Ziege und dem Zweiäuglein beobachten. Als sie ihrer Mutter darüber berichtete, nahm diese ein Schlachtermesser und stieß es der Ziege ins Herz, so dass diese tot umfiel.

Wie kommt es zu dieser dramatischen Umkehrung? Viele hellsichtige Menschen berichten von einer hoch entwickelten Zivilisation der Erde, die Atlantis hieß und mit den subtilen Ebenen der Erde und der Natur in Harmonie und Frieden lebte, so wie Zweiäuglein mit der Ziege und dem Tischlein. Doch Atlantis wurde durch den Einfluss einer dunklen Macht aus dem tiefen Universum zu Fall gebracht, die eine kriegerische Phase auf Erden einleitete und damit dramatische Umwälzungen im irdischen Universum verursachte. Als Folge davon ging die wunderbare subtile Form der Erde verloren und sie versteinerte in der Form, wie wir sie heute noch als Materie erleben.

Woher kommt diese »dunkle Macht«, die die Mutter von Ein- und Dreiäuglein dazu bringt, ein Messer zu nehmen und der Ziege ins Herz zu stoßen? Es ist möglich sich vorzustellen, dass es zwei unterschiedliche Strömungen bei der Entwicklung des weiten galaktischen Raumes gibt. Die eine, bezeichnet mit dem dritten Auge bei Ein- und Dreiäuglein, ist – symbolisch gesprochen – im Kopf zentriert. Sie ist streng hierarchisch organisiert und machthungrig. Jede Art von Herzensbeziehung ist ihr fremd, und wir können sie mit dem Begriff der Kälte gleichsetzen. Es ist nicht schwierig, ihre Einflussnahme und Niederlassungen überall auf der Erde zu erkennen.

Die zweite Strömung bei der Entwicklung unseres relativ jungen Universums wird mit dem Begriff der Wärme assoziiert. Sie wächst auf eine organische Weise aus den mit dem Herzen verbundenen Dimensionen der Offenbarung in der verkörperten Welt entgegen. Das Schicksal des Zweiäugleins ist symbolisch für diese durch Liebesimpulse getragene zweite Strömung, die scheinbar schwächer ist, weil sie – im irdischen Kontext gesehen – nur von einzelnen erwachten Personen und Gruppen unterstützt wird. Sie kennt jedoch eine enorme innere Kraft aufgrund der Vernetzung mit den Wesenheiten verschiedener Ebenen und Dimensionen – ich denke hier an Ahnenseelen, Elementarwesen, Engel- und Feenwelten und so weiter. Also dürfen wir mit Vertrauen dem weiteren Verlauf des Märchens lauschen.

Als Zweiäuglein sah, dass ihre Ziege getötet wurde, ging es voller Trauer hinaus aufs Feld, setzte sich auf einen Hügel und weinte bitterlich. Da stand auf einmal die weise Frau wieder neben ihm und sprach: »Zweiäuglein, was weinst du?« – »Soll ich nicht weinen!« antwortet es. »Die Ziege, die mir jeden Tag, wenn ich euer Sprüchlein hersagte, den Tisch so schön deckte, wurde von meiner Mutter totgestochen; nun muss ich wieder Hunger und Kummer leiden.« Die weise Frau sprach: »Bitte deine Schwestern, dass sie dir die Eingeweide von der geschlachteten Ziege geben, und vergrab sie vor der Haustür in die Erde, so wird es dein Glück sein.«

Die Schwestern waren bereit, ihr die Eingeweide zu geben, da sie sie für wertlos hielten. Zweiäuglein nahm die Eingeweide und vergrub sie nachts in aller Stille vor der Haustüre.

Als sie am nächsten Morgen aufwachten und vor die Haustüre traten, stand da ein wunderbarer prächtiger Baum mit Blättern aus Silber und Früchten aus Gold. Sie wussten aber nicht, wie der Baum in der Nacht dahin gekommen war, nur Zweiäuglein wusste, dass es genau die Stelle war, an der sie die Eingeweide der Ziege begraben hatte.

Die Eingeweide der geschlachteten Ziege geben uns den richtigen Schlüssel an die Hand, um die Frage zu beantworten, wie ein so wunderbarer Baum dort wachsen konnte.

Bedenken wir dabei, dass die Strukturen der Eingeweide und die des Gehirns sehr ähnlich sind. Umgangssprachlich sprechen wir zum Beispiel von einem Bauchgefühl, wenn wir eine gefühlsmäßige Entscheidung treffen.

Da wir die Ziege als eine Verkörperung der elementaren Intelligenz der Natur erkannt haben, können wir sagen, dass die Eingeweide der Ziege eine tiefere Ebene der Existenz offenbaren.

Wenn die Ziege für das elementare Bewusstsein der Erde und der Natur steht, so würden ihre Eingeweide für eine tiefere Welt stehen, die in der Märchensprache die Welt der Drachen genannt wird. Es handelt sich dabei um die tiefste Ebene des irdischen Weltenraums, in dem die kosmische schöpferische Kraft und Weisheit beheimatet ist, die in der Lage ist, das Leben der Erde in seiner Schönheit und Vollkommenheit in jedem Moment neu zu manifestieren. Der silberne Baum mit den goldenen Früchten, der aus den Eingeweiden der Ziege und damit aus der Urwelt der Drachen erwachsen ist, ist ein Symbol dafür.

Zusammengefasst können wir sagen, dass der erste Teil des Märchens mit der Ziege und dem reich gedeckten Tischlein die erste Phase der irdischen Weltentstehung darstellt. In dieser Phase könnten wir uns den Erdraum als einen paradiesischen Raum vorstellen, der von einem glücklichen Austausch zwischen Menschen und der weisen Erdmutter und ihrer Lebenswelt geprägt war. Diese ideelle Welt zerbrach mit der Katastrophe von Atlantis – in unserem Falle mit dem Stich ins Herz der Ziege. In der

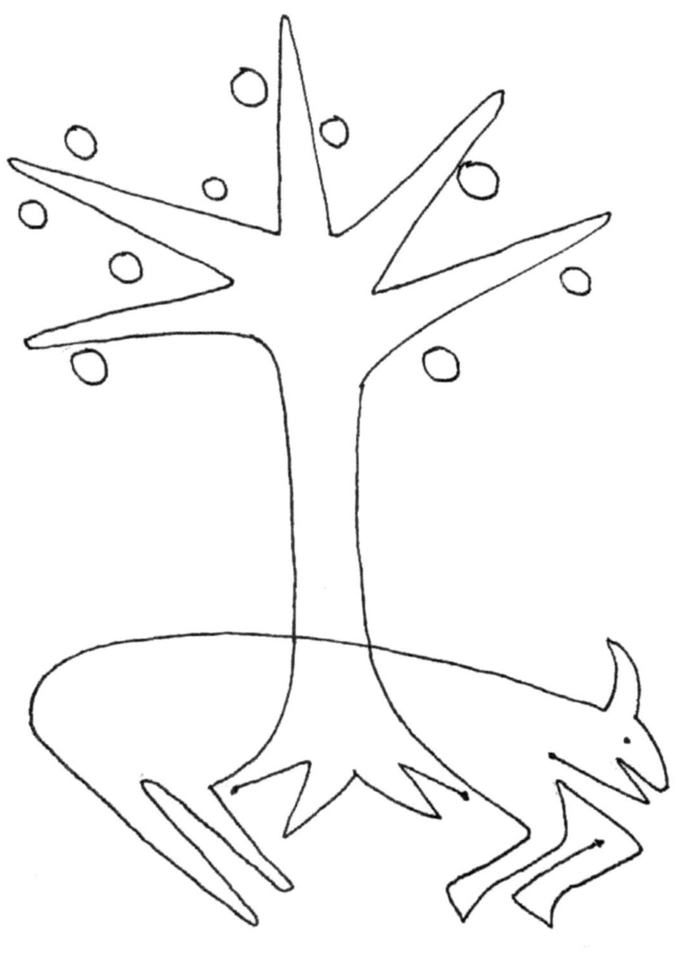

Aus den Eingeweiden der Ziege erwachsener Lebensbaum

zweiten Phase der Weltentstehung, die wir gerade betrachten, kommt es zu einer Neugründung des Erdkosmos auf einer tieferen Ebene der Existenz, die wir mit der Urweisheit der Drachen gleichsetzen. Es entsteht eine neue zukunftsweisende Art von Wirklichkeit, die aus dem urbildlichen Herz von Gaia emporwächst und durch den silbernen Baum mit den goldenen Früchten symbolisiert wird.

Als die Mutter den schönen Baum sah, sprach sie zu Einäuglein: »Steig hinauf, mein Kind, und brich uns die Früchte von dem Baume ab.« Einäuglein stieg hinauf, aber wie es einen von den goldenen Äpfeln greifen wollte, fuhr ihm der Zweig aus den Händen, und das geschah jedes Mal, so dass es keinen einzigen Apfel pflücken konnte, und genauso erging es Dreiäuglein.

Da sprach Zweiäuglein: »Ich will es auch einmal versuchen, vielleicht gelingt es ja mir.« Und siehe da, die goldenen Äpfel zogen sich nicht vor ihm zurück, sondern ließen sich wie von selbst in seine Hände herab, so dass es einen nach dem anderen abpflücken konnte, und ein ganzes Schürzchen voll mit herunterbrachte. Die Mutter nahm die Äpfel an sich, und da Einäuglein und Dreiäuglein neidisch auf Zweiäuglein waren, die allein die Früchte herunterholen konnte, behandelten sie es schlimmer als zuvor.

Diese Sequenz zeigt uns, dass der silberne Baum mit den goldenen Früchten keine romantische Erscheinung aus der Vergangenheit darstellt. Genau umgekehrt! Seine Präsenz spricht unsere Gegenwart unmittelbar an, indem es klar zum Ausdruck bringt, dass es zukünftig nicht mehr möglich sein wird, die Lebensgaben von Gaia und der Natur zu genießen, ohne sich gleichzeitig liebevoll mit der Erdessenz zu verbinden.

Die Früchte des Lebensbaums konnten von Einäuglein und Dreiäuglein nicht geerntet werden, weil die beiden ihre Schwester unfreundlich und sogar feindselig behandelten.

Leider muss ich feststellen, dass bei dieser Version des Märchens der Brüder Grimm ein logisch nachvollziehbarer Abschluss fehlt. Stattdessen kommt am Ende wie immer ein Prinz vorbei, der von der Schönheit von

Zweiäuglein bezaubert ist und sie als seine zukünftige Braut auf sein Schloss führt.

Glücklicherweise bekomme ich manchmal die Fähigkeit geschenkt, in das Netzwerk der universellen Erinnerung hineinzuschauen – eine Art kosmisches Internet.

In dieser Version versöhnen sich die drei Mädchen am Grab ihrer Mutter und erkennen ihre Zusammengehörigkeit, und damit sind alle Streitigkeiten vergessen.

In der Tat repräsentieren alle drei zusammen den mit seiner Urmatrix verbundenen Menschen. Einäuglein mit seinem Dritten Auge im Sinne der Hellsichtigkeit sorgt dafür, dass der Mensch mit der geistigen Welt der Ahnen und Nachkommen verbunden ist und so ihrer Einsichten und Inspirationen teilhaftig wird. Zweiäuglein wiederum sorgt dafür, dass das menschliche Wesen in der irdischen Welt geerdet ist, verbunden mit anderen Wesenheiten der manifesten Welt, wie Pflanzen, Tiere, Mineralien, Berge, Ozeane und Landschaften. Dreiäuglein ist das verbindende Glied zwischen den beiden, weil es sowohl das Dritte Auge als auch zwei organische Augen hat. So ist es ihr möglich, geistige und andere unsichtbare Dimensionen des Lebens mit der verkörperten Welt und ihren Wesenheiten zu verbinden.

Aber nicht vergessen: Der liebevolle Zusammenhang von Ein-, Zwei- und Dreiäuglein ist nur dann möglich, wenn sie – wie der Baum des Lebens mit den silbernen Blättern und goldenen Früchten – im Herzen der Erdschöpferin Gaia verwurzelt sind.

Über den Autor

Marko Pogačnik (1944) lebt mit seiner Frau Marika in Šempas, Slowenien. In den 1960er Jahren wirkte er als Konzeptkünstler im Rahmen der OHO Gruppe. Danach entwickelte er die »Lithopunktur«, eine Methode der ökologischen Heilung gekoppelt mit der Kunst der Kosmogramme. Seit 22 Jahren begleitet er die gegenwärtigen Erdwandlungen. In diesem Zusammenhang arbeitet er an der Entwicklung der »Gaia Touch« Übungen und der Begründung der planetaren Gaiakultur. Zusammen mit einem internationalen Team baut er seit 2005 die Geopunkturkreise in verschiedenen Ländern von Europa und Amerika. Bücher unter anderen: Elementarwesen, Schule der Geomantie, Erdsysteme und Christuskraft, Liebeserklärung an die Erde, Das geheime Leben der Erde, Quantensprung der Erde, Synchrone Welten, Sprache der Kosmogramme, Universum des menschlichen Körpers.

www.markopogacnik.com

Weitere Bücher von
Marko Pogačnik

Marko Pogačnik
Wandlungstanz der Erde
Ein Begleiter durch die Herausforderungen der jetzigen Zeit
Klappenbroschur, 208 Seiten
ISBN 978-3-89060-762-7

Mitgehen in der großen Umwandlung der Erde

Es ist unmöglich, die auftauchenden ökologischen und sozialen Herausforderungen allein auf der physischen Ebene zu lösen – die archetypischen Ebenen verlangen nach Aufmerksamkeit. Mit ihnen befasst sich der weltbekannte Bildhauer, Land-Art-Künstler und Geomant Marko Pogačnik schon lange. Und mit diesem Buch möchte er allen, die für diese Ebenen offen sind, helfen, sich auf die kommende Zeit einzuschwingen und die Erde in ihrem Wandlungstanz zu begleiten.

In diesem Buch nimmt der Autor seine Leserschaft mit in seine Träume. Ihre nicht-logische, aber frappierend klare Bildsprache zeigt ungeschönt den heutigen Zustand der Erde und der Menschheit. Sie zeigt auch den unabwendbar stattfindenden Transformationsprozess, der – wie bereits viele spüren – schon begonnen hat. Dieser Umwandlungsprozess ist ein Tanz, der unsere aktive Teilhabe notwendig macht, und dazu bietet Marko Pogačnik praktische Körperübungen, die er »Gaia Touch Rituale« nennt. Durch sie können wir uns energetisch und mit unserem ganzen, also dem linken und dem rechten Gehirn, auf die neuen Lebensbedingungen auf der Erde vorbereiten.

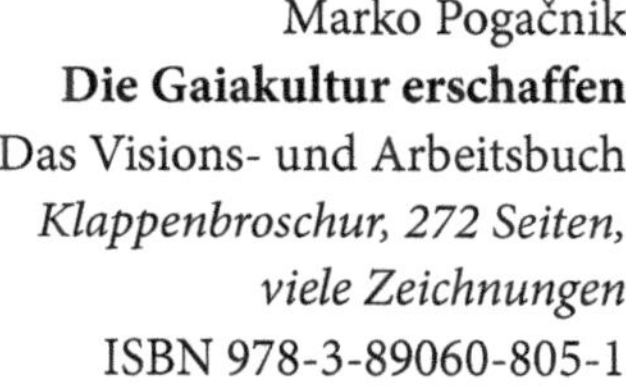

Marko Pogačnik
Die Gaiakultur erschaffen
Das Visions- und Arbeitsbuch
Klappenbroschur, 272 Seiten, viele Zeichnungen
ISBN 978-3-89060-805-1

Mitwirken an der planetarischen Transformation

Die Menschheit steht an der Schwelle einer neuen Phase der Erdentwicklung. Atemberaubende Möglichkeiten – im Einklang mit der Evolution des Universums – sind nun zum Greifen nah. Doch es stellt sich die Frage: Hat die Menschheit die zündenden Ideen, die weise Voraussicht und das entsprechende Handlungspotential, um eine Kultur zu erschaffen, die mit der Transformationsphase des Planeten einhergeht?

Inmitten der sich zuspitzenden ökologischen Krisen eröffnet uns Marko Pogačnik hoffnungsvolle Perspektiven. Nach jahrzehntelanger intensiver Arbeit im Feld der holistischen Ökologie (Geomantie) und Erdheilung entwirft er jetzt die Vision einer Kultur, die sich auf die Zusammenarbeit mit Gaia (der Erde), ihren elementaren Welten und Wesen paralleler Evolutionen stützt. »Gaiakultur erschaffen« ist ein Arbeitsbuch mit Dutzenden von Zeichnungen und meditativen Übungen, die dabei helfen, die Fähigkeit einer lebendigen Imagination zu erwecken und mentale Widerstände zu transzendieren.

Marko Pogačnik, Radomil Hradil
Gaiakultur
Der Weg zu einer Zivilisation der erwachten Herzen
Paperback, 174 Seiten,
mit 30 Zeichnungen von M. Pogačnik
ISBN 978-3-89060-636-1

Für eine Zivilisation des Herzens

Dieses Buch ist als Dialog entstanden. Es ist das Gespräch zweier Menschen, die sich Gedanken darüber machen, wie unsere Zivilisation einen Weg aus der Sackgasse finden kann, in die sie geraten ist. Dass sie sich in einer Sackgasse befindet, wird immer deutlicher. Doch wie kann eine zukünftige Gesellschaft aussehen, damit sie sowohl den Menschen als auch den – ob sichtbaren oder unsichtbaren – Naturreichen gerecht wird, ebenso wie den geistigen Wesenheiten und den gerade nicht in der Materie verkörperten Menschen?

Der bekannte Autor und Geomantiepraktiker Marko Pogačnik hat mit seinen »Sieben Grundsteinen der neuen Ethik« und den »Neun Geboten der Göttin« versucht, die Grundlagen einer neuen Zivilisation zu beschreiben, die sowohl den Menschen als auch den – ob sichtbaren oder unsichtbaren – Naturreichen gerecht wird. Im Austausch mit dem Geomanten Radomil Hradil wird dieses Anliegen deutlich herausgearbeitet und uns nahegebracht.

Marko Pogačnik
Erdweisheit und Christuskraft
Das fünfte Evangelium als Schlüssel zur Erdwandlung
Broschur, 320 Seiten
ISBN 978-3-89060-780-1

Der kosmische Christus und die Erde

Diese Lehren sollen uns in dieser kritischen Zeit der menschlichen Entwicklung helfen. Historisch gesehen wurden die Weisheitsworte Jesu für den Aufbau einer irdischen Religion genutzt, und dabei ging viel von ihrem tieferen Sinn verloren.

Christus Macht und irdische Weisheit zeigt sich in der Entdeckung eines »Fünften Evangeliums« durch den Autor, das unsichtbar in die vier kanonischen Evangelien eingewoben ist. Es lehrt die Menschheit, wie sie im dritten Jahrtausend positiv leben kann. Der Autor hat mehr als einhundert Aussprüche Jesu in eine Sprache übersetzt, die dem modernen Verstand zugänglich ist, und er bringt das Wissen über die Elementarwesen, die Geowissenschaften und Christus zusammen. Er identifiziert Blockaden in den Evangelien, die den Geist Christi in der vergangenen Ära daran gehindert haben, sich zu manifestieren. Aber die Zeit ist jetzt reif, die vielschichtige Realität dieser Lehren zu verstehen.

Marko Pogačnik
Friedenswerkstatt
Die Friedensmatrix erneuern
Mit 13 Gaia Touch-Übungen

Peace Workshop
Renewing the Peace Matrix
With 13 Gaia Touch Exercises

Broschur, 64 Seiten
ISBN 978-3-89060-690-3

Kriege, Flüchtlinge, Klimakrise... Wir brauchen Frieden!
Wir alle können etwas für den Frieden tun, das zeigt Marko Pogačnik mit seinen Friedenswerkstätten und in diesem kleinen Buch mit 13 praktischen Übungen, die zur Erneuerung der Friedensmatrix führen.

Frieden ist nicht mehr selbstverständlich. Die Idee des Friedens wurde zu oft verstümmelt; man versucht heutzutage, Frieden sogar durch Kriege zu sichern. So geht es nicht weiter. Wir sollten bewusst an der Wandlung der alten Friedensidee arbeiten und die Grundlagen für eine neue Friedensmatrix legen.

Der Künstler und Geomant Marko Pogačnik hat 13 Ursachen identifiziert, die zu Konflikten führen, und dazu Übungen, Meditationen und Rituale entwickelt, durch die kreativ an der Erneuerung der Friedensmatrix gearbeitet werden kann.

Das Buch ist auf Deutsch und Englisch.

Marko Pogačnik
Venedig
Embryo des neuen Erdenraums
Schuber mit zwei Büchern,
Hardcover, 256 Seiten
(Text und Zeichnungen)
+ 178 Seiten (Fotos)
ISBN 978-3-89060-794-8

Begegnung mit der Erdseele

Venedig hat ein neues Geheimnis preisgegeben: Die Wasserstadt wurde an einem Ort gegründet, wo Gaia, die Erdseele, einen mehrdimensionalen Samen für die zukünftige Entwicklung der Erde, ihrer Welten und Evolutionen vorbereitet hält. Darin zeigt sich ein klarer Strahl der Hoffnung in dieser düsteren Zeit der globalen ökologischen Krise. Es gibt keinen Zweifel mehr, dass unsere gemeinsame Zukunft gesichert ist.

Das Buch führt uns zu den Orten, wo Spuren dieses Samens in der Stadtgestalt, ihren Kunstwerken und sakralen Gebäuden zu spüren und zu sehen sind.

Marko Pogačnik, Geomant und Erdheiler, von UNESCO als der Künstler für den Frieden ernannt, hat seit 1986 fünf Bücher zum Thema Venedig veröffentlicht und mehr als 80 Seminare am Ort durchgeführt.

Im Schuber finden sich zwei einander ergänzende Bücher. Eines enthält den Text mit 130 Zeichnungen des Autors, der zweite Fotographien von Bojan Brecelj, der Marko von Anfang an bei seinen Entdeckungsreisen in Venedig begleitet hat.

VOM SELBEN AUTOR

Über die Liebeskraft in jedem menschlichen Herzen

Mit Staunen erkennen wir, welche Möglichkeiten unser menschliches Herz birgt, wenn das »System der drei Herzen« in dieser Zeit der Wandlung erwacht. Die Synergie der neuen Herzmitte entsteht durch die Resonanz des elementaren Herzens mit dem Drachenherzen und dem Feenherzen sowie dem Fraktal des Erdherzens. Das Liebesfeld von Gaia, der Mutter und Schöpferin der lebendigen Erde, durchdringt und liebkost alle Wesenheiten und Ebenen des irdischen Universums. Die holographischen Teilstücke dieses gigantischen Erdherzens befinden sich im Kern aller Wesenheiten der Natur und der Landschaft, seien sie manifestiert in relativ festen Körpern oder für das menschliche Auge unsichtbar. Mit Hilfe praktischer Übungen können wir die neuen Dimensionen des Herzsystems nachvollziehen.

Marko Pogačnik
Die Urkraft im Kern des menschlichen Herzens
Klappenbroschur, 144 Seiten
ISBN 978-3-89060-825-9

Übungskarten für eine Verbindung mit Gaia

Wir nähern uns einer Epoche, in der die Erdschöpferin Gaia die Pforte zu den verschiedenen Ausdehnungen und Wesenheiten ihres Universums öffnet. Die Einweihungskarten wurden erschaffen, um bei diesem Prozess dreifache Hilfe und Unterstützung anzubieten. Die Botschaften dienen als Inspiration im Bezug zu der neuen Beziehung zwischen Mensch, Erde und der geistigen Welten. Die Meditationsübungen ermöglichen die Entwicklung der individuellen Sensibilität und fördern die Selbsterkenntnis.

Marko Pogačnik, Andrea Roßlan-Brandt
Einweihungskarten
um mit dem Gaia-Universum Freundschaft zu schließen
36 Übungskarten mit Anleitungskarte in einer Mappe
EAN 4280000058133

Die Erde spricht

Ana Pogačnik kann, nicht zuletzt aufgrund der Zusammenarbeit mit ihrem Vater Marko, einen innigen medialen Kontakt zu der Landschaft aufbauen, in der sie sich aufhält. Über die Jahre hat sie viele Orte bereist, und wenn sie sich auf sie einstimmt, dann vernimmt sie ihre Botschaft. In 44 »Briefen« sprechen diese Landschaften zu uns Menschen. Es sind intensive Botschaften, auf die wir uns einlassen, die wir in uns nachhallen und lebendig werden lassen müssen.

Sie öffnen uns für eine neue Dimension der geomantischen Arbeit und für ein gewandeltes Verhältnis zur Erde als einem bewussten und beseelten Wesen.

Ana Pogačnik
Die Erde liebt uns
Wenn die Landschaften sprechen:
Briefe an uns Menschen
Paperback, 192 Seiten mit 44 Zeichnungen
ISBN 978-3-89060-608-8

Briefe an uns Menschen

Ana Pogacnik kann einen innigen medialen Kontakt zu der Landschaft aufbauen, in der sie sich aufhält. Über die Jahre hat sie viele Orte bereist, und wenn sie sich auf sie einstimmt, vernimmt sie ihre Botschaft. Auf dieser CD spricht sie neun der 44 »Briefe« aus ihrem gleichnamigen Buch. Dazwischen erklingen drei Klavierimprovisationen, die von Landschaften inspiriert wurden; und eine knapp 17-minütige geführte Meditation lässt uns unsere Vergangenheit in Geschichte umwandeln, so dass wir sie loslassen können.

Ana Pogacnik
Die Erde liebt uns
Neun Briefe von Landschaften, gesprochen von der Autorin, Klavierimprovisationen und eine geführte Meditation
CD, Laufzeit 69 Minuten, mit 8-seitigem Einleger
ISBN 978-3-89060-626-2

Hier kann man sich zum **Neue Erde-Newsletter** anmelden:
newsletter.neueerde.de/anmeldung

NEUE ERDE im Buchhandel

Sollte es Lieferschwierigkeiten bei den Büchern von NEUE ERDE geben, lassen Sie immer im VLB (Verzeichnis lieferbarer Bücher) nachsehen, im Internet unter **www.buchhandel.de**

Alle lieferbaren Titel des Verlags sind für den Buchhandel verfügbar.

Sie finden unsere Bücher auch auf unserer Homepage **www.neue-erde.de** oder in unserem Gesamtverzeichnis, welches Sie gerne hier anfordern können:

NEUE ERDE GmbH
Cecilienstr. 29 · 66111 Saarbrücken
info@neue-erde.de